WINTERWALD

„Winterwald" widme ich:

Anne und Lucas, meinen großartigen „Blagen" –
und den natürlich besten Kindern der Welt

Ute, der unglaublich beeindruckenden Mutter dieser
Kinder und meiner langjährigen Partnerin

Rainer und Barbara, die vermutlich für mich durchs
Feuer gehen würden (und umgekehrt)

Ulla, meinem starken, geerdeten und auch in hohem Alter
ungebrochen lebensfrohen „Mütterlein"

EKKEHARD OPHOVEN

WINTERWALD

Begegnungen mit Tieren und Pflanzen
in der stillen Jahreszeit

Illustriert von
Sandra Lefrançois

KOSMOS

INHALT

VORWORT

Wer Hunde hat, kommt nicht umhin, bei Wind und Wetter mit ihnen ins Freie zu gehen. Mir geht es da nicht anders. Dabei fällt mir immer wieder etwas auf: Im Frühling und Sommer treffe ich auf meiner Tour durch den Wald fast täglich die üblichen Verdächtigen mit ihren Vierbeinern. Bei schlechtem, auf Ruhrpott-Deutsch „üsseligem" Wetter und vor allem im Winter dünnt sich die Zahl der Begegnungen dann kräftig aus. Wenn es kalt ist und das Eis unter den Füßen knirscht und Schnee Bäume und Boden bedeckt, scheint das Frischluftbedürfnis vieler Menschen – und wohl auch mancher Hunde – deutlich zu sinken.

Mir dagegen sind die Winterspaziergänge im Wald die liebsten. Und das gilt wohl auch für meine Vierbeiner. Als Eiko, Krabat und Lorbass jung waren und ihren ersten Schnee erlebten, flippten sie alle nach dem ersten zögerlichen Sondieren des unbekannten Weiß regelrecht aus. Schnell waren sie vollkommen begeistert, tobten herum, bissen in den Schnee und kugelten sich darin: ein Bild reiner Lebensfreude und des Übermuts. Und selbst in hohem Alter, mit viel Winter- und Schneeerfahrung, schien der erste Schnee sie um Jahre zu verjüngen und ließ sie entfesselt herumalbern. Zugegeben, manchmal erschienen auch mir diese vierbeinigen Clowns als das einzig Lebendige im Winterwald, denn ansonsten gab es – vordergründig – bei meiner üblichen Runde mit den Hunden wenig zu sehen und zu hören.

Vielleicht unternahm auch Friedrich Hebbel solche einsamen Winterspaziergänge, vielleicht inspirierten sie ihn zu seinem 1838 geschriebenen Gedicht „Winterlandschaft". Das Werk zeichnet ein recht trauriges, fast beängstigendes Bild der kalten Jahreszeit, ein Bild von Erstarrung und Tod:

Unendlich dehnt sie sich, die weiße Fläche, bis auf den letzten Hauch von Leben leer / die muntern Pulse stocken längst, die Bäche, es regt sich selbst der kalte Wind nicht mehr. / Der Rabe dort, im Berg von Schnee und Eise, / erstarrt und hungrig, gräbt sich tief hinab, / und gräbt er nicht heraus den Bissen Speise, / so gräbt er, glaub' ich, sich hinein ins Grab. / Die Sonne, einmal noch durch Wolken blitzend, wirft einen letzten Blick auf's öde Land, /

doch, gähnend auf dem Thron des Lebens sitzend, / trotzt ihr der Tod im weißen Festgewand.

Wie dem Dramatiker und Lyriker scheint es einigen Menschen zu gehen. Mancher kann der winterlichen Landschaft wenig abgewinnen, außer vielleicht die Möglichkeit zum Wintersport. Auch den Wald empfinden jetzt viele als öde und leblos.

So wunderschön Friedrich Hebbels Verse sind, fällt es mir allerdings schwer, ihren düsteren Grundtenor nachzuvollziehen. Vor allem den Wald kann ich zur kalten Jahreszeit nicht als unbelebt empfinden oder ihn gar als Symbol für Tod und Untergang sehen.

Zweifelsohne herrscht dort während der kalten Jahreszeit nicht die lärmende Vitalität des Frühlings, wenn viele gefiederte Sänger um einen Partner werben oder Reviergrenzen abstecken. Unbelaubte Buchen und Eichen, dunkle Tannen und Fichten, blüten- und blattlose Sträucher strotzen auch längst nicht in dem satten Grün und anderen Farben, in denen der Wald wenige Monate später wieder erstrahlen wird. Neben den Singvögeln geben sich im Winter auch viele andere Tiere des Waldes unauffälliger als in der warmen Jahreszeit und ziehen sich mitunter sogar ganz zurück. Andere Lebewesen allerdings werden im Winter erst richtig lebendig, denn sie haben gerade diese Jahreszeit als ihre Nische entdeckt. Sie gedeihen gerade im Winter, weil sie auf die Kälte angewiesen sind oder die Konkurrenz um Ressourcen geringer ist. Gerade jetzt sind sie aktiv, um sich zum Beispiel der Liebe zu widmen. Ob eher auf Sparflamme oder putzmunter, eine Vielzahl an Tieren und Pflanzen sorgen auch im Winter für eine Fülle von Leben. Nein, tot ist der Winterwald ganz bestimmt nicht.

Besonders im weißen Gewand gibt der Wald dem aufmerksamen Besucher seine Geheimnisse preis: Fährten, Spuren und andere Zeichen im Schnee lassen erstaunlich viel von der Lebensvielfalt im Winter erkennen.

Als wildtierbegeisterter Mensch verdanke ich dem Winter einige meiner schönsten Erlebnisse im Wald. Aber auch der Tatsache, dass ich von Jugendbeinen an Jäger bin: Schließlich habe ich ja nur deswegen oft der Kälte getrotzt und habe stundenlang regungslos in verschwiegenen Waldwinkeln gesessen. Und das oft auch nachts, auch wenn ich meist ohne erlegtes Wild heimkehrte. Die beeindruckenden Schauspiele der Natur, die ich fast regelmäßig beobachten und als Erlebnis mitnehmen durfte, haben mich für leere Hände immer mehr als entschädigt.

Obwohl ich nicht mehr weiß, was zuerst da war, das Interesse an der Jagd oder die Begeisterung für wild lebende Tiere: Sicher ist, dass Wildtiere mich stets weit über die jagdlich bedeutsamen Arten hinaus fasziniert haben.

Auch meinen Hunden habe ich da zu danken: Oft haben mich nur ihre bebenden Nasenflügel oder ihre aufmerksam aufgestellten Ohren auf Interessantes hingewiesen. Ohne ihren Instinkt und ihre Aufmerksamkeit wäre meinen im Vergleich ziemlich tumben menschlichen Sinnen viel entgangen.

In diesem Buch habe ich einige der schönsten meiner Erlebnisse im Winterwald festgehalten und mir die Zeit genommen, manche Pflanzen und Tiere näher zu betrachten, die für die Lebensvielfalt in ihm stehen. Es wäre schön, wenn das Buch Leserinnen und Lesern einen neuen Blick auf den Winterwald eröffnen würde. Umso mehr, wenn sich der eine oder die andere ermuntert fühlt, hinauszugehen in diesen Wald, ihn in vollen Zügen zu genießen und eigene Entdeckungen zu machen.

Ekkehard Ophoven

BÄUME – VOLLER KRAFT UND DOCH VERWUNDBAR

ES HAT IMMER WIEDER GESCHNEIT in den letzten Tagen, dazu war es kalt, rund ein halber Meter Schnee hat sich angesammelt – für die Schwarzwälder Vorbergzone ganz beachtlich. Das Weiß hat Baumstümpfe, Sträucher wie Brombeeren und andere Bodenpflanzen unter sich begraben und den Waldboden in eine sanft gewellte Hügellandschaft verwandelt. Wie monumentale Säulen ragen die Stämme der alten Bäume um mich herum aus dem Hügelmeer auf: Buchen mit glatter, stellenweise narbiger, grauer Rinde, Weißtannen mit weißlich grauer, grobschuppiger und Fichten mit rötlicher, feinschuppiger Borke, hier und da eine Eiche in tief gefurchtem Gewand. Ihre Kronen thronen gleichsam hoch über dem Waldboden. Die der Laubbäume sind zwar blattlos und kahl, doch verschafft ihnen allein ihre Größe eine eindrückliche Präsenz.

Im Winter beherrschen Bäume das Bild des Waldes noch mehr als in den anderen Jahreszeiten, denn Unterwuchs und Sträucher haben zum großen Teil ihr Laub verloren, sind mitunter auf wenige Zentimeter abgestorben und kommen so recht unauffällig daher – wenn sie nicht, wie heute, ganz unter dem Schnee verschwunden sind.

Auch wenn die meisten Menschen „Wald" als Ansammlung von Bäumen verstehen würden, ist der Wald weit mehr als die Summe seiner Bäume – schließlich beheimatet er auch zahllose Sträucher und andere Pflanzen, von einer schier unübersehbaren Zahl an Tieren ganz zu schweigen. Und er liefert uns weiß Gott auch nicht nur den CO_2-neutralen Rohstoff Holz: Wald ist die bedeutendste Sauerstofffabrik aller Landschaften. Er wirkt ausgleichend auf das Klima. Mit den Wurzeln seiner Pflanzen hält er den Boden fest und schützt ihn vor Erosion. Und er sorgt dafür, dass Niederschläge nicht einfach auf dem Erdboden abfließen, sondern zu großen Teilen sauber gefiltert und dosiert ins Grundwasser sickern.

Immer wieder einmal zieht es mich zu noch gut erhaltenen Stümpfen geernteter alter Bäume oder zu abfuhrbereiten Holzpoltern, und das gerade im Winter, denn vor allem Laubbäume werden in der kalten Jahreszeit geerntet. Mich lockt das Muster, das die glatten Sägeschnitte der Stubben und Stämme offenbaren. Die feinen Ringe zeigen, welchen großen Einfluss der Lauf der Jahreszeiten und vor allem der Winter in unseren Breiten auf das Wachstum der Bäume hat, und sie verleihen dem Holz seine typische Zeichnung. Die Ringe entstehen durch das unterschiedliche Dickenwachstum, das der Baum im Lauf des Jahres vollzieht.

Im Winter schalten unsere Bäume in den Sparmodus, Fotosynthese und Wachstum werden zurückgefahren. Laubbäume entziehen ihren Blättern vor dem Abwerfen viele wichtige Stoffe, von denen sie in der Winterzeit zehren. Nach der winterlichen Wachstumspause nutzen die Bäume im März und April in der sogenannten Mobilisierungsphase dann diese gespeicherten Nährstoffe, um kurz darauf gleich kraftvoll in die Wachstumsphase einzusteigen. Das zwischen Rindenbast und Holz gelegene Kambium bildet durch Zellteilung sogenanntes Frühholz: Dessen Zellen besitzen recht dünne Wände und ein vergleichsweise großes Volumen. Das lockere Zellgewebe ermöglicht einen raschen Wasser- und Mineralstofftransport via Kapillarkraft von der Wurzel in die Baumkrone – wichtige Voraussetzung für den anstehenden Blattaustrieb und die Blütenbildung.

Der Winter steht vor der Tür: Bald fallen auch sie.

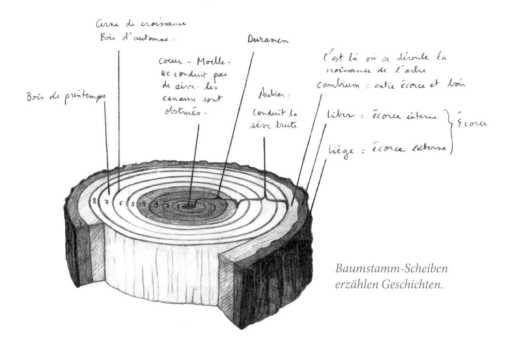

Cerne de croissance
Bois d'automne -

Duramen

Bois de printemps

coeur - Moelle.
Ne conduit pas
de sève. les
canaux sont
obstrués.

Aubier :
Conduit la
sève brute

C'est là où se déroule la
croissance de l'arbre
Cambium = entre écorce et bois

Liber : écorce interne ⎫ Écorce
Liège : écorce externe ⎭

8 7 6 5 4 3 2 1

Baumstamm-Scheiben
erzählen Geschichten.

Daran schließt sich die „Depositionsphase" an, in der dickwandigere Zellen mit entsprechend geringerem Zellvolumen entstehen. Wegen der Zellwandstärke wenig flexibel, verleiht dieses sogenannte Spätholz dem Baum seine Stabilität. In den Wänden der Spätholzzellen befindet sich mehr Lignin als in den Frühholzzellen – zusammen mit Zellulose und Hemicellulose ist Lignin einer der drei wesentlichen Bestandteile des Holzes. Dieser Stoff verleiht dem später gebildeten Holz meist eine dunkle Farbe. Hell und Dunkel, Frühholz und Spätholz also, bilden einen Jahresring und stellen den Dickenzuwachs dar, um den ein Baumstamm jedes Jahr zulegt.

In den Tropen gibt es keinen Winter, zumindest keinen, der eine derartige Zäsur für die Bäume darstellt wie die kalte Jahreszeit in Mitteleuropa. In den Tropen bilden Bäume daher keine Jahresringe aus, wie sie es bei uns tun. Zwar legen auch tropische Baumarten mitunter Erholungspausen mit reduziertem Wachstum ein, doch geschieht das eher individuell, von Baum zu Baum unterschiedlich, und folgt keinem saisonalen Rhythmus. Jahresringe zeigen deshalb auch viele dieser Bäume, aber nicht besonders ausgeprägt. Wegen ihres mehr oder weniger gleichmäßigen Wachstums sind Tropenbäume daher von der Möbelindustrie begehrt. Die Nutzung von Tropenholz ist allerdings Gegenstand mancher kontroverser Diskussion.

Zunächst fällt auf, dass die Jahresringe nach außen hin tendenziell immer schmaler werden: Wie jedes Lebewesen wachsen auch Bäume in der Jugend schneller als im Alter. Ohnehin ist es am Beginn ihres Lebens wichtiger, schnell an Höhe zu gewinnen: Immer genug Sonnenlicht zu erhaschen und von der Konkurrenz nicht überholt zu werden, ist eine Frage des Überlebens. Erst wenn das gesichert ist, leisten sie sich den Luxus, einen Speckmantel anzulegen. Im Fachjargon spricht man daher von „sekundärem" Dickenwachstum. Gut lässt sich das an einzeln stehenden Bäumen, zum Beispiel auf Wiesen oder Weiden, beobachten: Ohne Lichtkonkurrenz durch „Mitbewerber" sind solche Solitäre in der Regel deutlich weniger hoch als die Kollegen der gleichen Art im Wald, aber dafür am Stammfuß deutlich dicker: Genug Licht hatten sie immer, und deshalb konnten sie es sich leisten, früh in die Breite zu gehen. Außerdem tragen solche Bäume oft noch Seitenäste, die bis fast auf die Erde ragen. Im Wald dagegen sterben die unteren Seitenäste wegen Lichtmangels in den tieferen Regionen peu à peu ab.

Wer aber glaubt, die Jahresringe unserer Bäume informierten nur über Wachstumsgeschwindigkeit und über Frühjahr, Sommer, Herbst und Winter, irrt gewaltig: Die Schnittflächen geernteter Bäume mit ihrem filigranen Ringmuster verraten wesentlich mehr, sie erzählen regelrecht Geschichten aus ihrer Vergangenheit.

Da fallen breite und schmale Jahresringe auf: Letztere sind ein Hinweis auf Jahre mit schlechten Wachstumsbedingungen. Der Winter mag hart und lang gewesen oder früh eingebrochen sein und den Beginn des Wachstums verzögert oder für dessen frühzeitiges Ende gesorgt haben. Vielleicht aber war das Sommerhalbjahr auch sehr trocken und bremste so das Wachstum.

In Gebieten mit eher rauen Bedingungen für die Bäume, wie zum Beispiel in kälteren Hochlagen, ist die Vegetationsperiode spürbar kürzer als in den milderen Lagen der Ebene: Die Bäume treiben später aus und stellen das Wachstum auch früher wieder ein. Ihre Jahresringe fallen deshalb auch schmaler aus. Solche Bäume sind, wenn weitere Voraussetzungen wie gerader Wuchs, wenig Seitenäste und Spannungsfreiheit erfüllt sind, sehr gesucht von Musikinstrumentenbauern. Man spricht hier auch von Klang-

oder Tonholz. Für Streich- und Zupfinstrumente wird gern Fichtenholz mit geringem Spätholzanteil verwendet, beim Bau von Holzblasinstrumenten wird unter anderem das Holz des Ahorns eingesetzt.

Oft verlaufen die Jahresringe vor allem bei Nadelbäumen aber nicht gleichmäßig breit und gleichmäßig rund, sondern exzentrisch: Sie sind in einer Richtung breiter als auf der gegenüberliegenden Seite des Stammes. Dies kann Folge einer mechanischen Belastung sein, der so ein Baum über

viele Jahre ausgesetzt war. So stand er zum Beispiel nicht gerade, sondern zu einer Seite geneigt, oder er war dauerhaft Wind aus vorwiegend einer Richtung oder in den Wintern einseitig einer stärkeren Schneebelastung ausgesetzt. Nadel- und Laubbäume reagieren hierauf unterschiedlich: Während Erstere sogenanntes Druckholz mit breiteren Jahrringen auf der beanspruchten Seite bilden, entsteht bei Laubbäumen Zugholz auf der gegenüberliegenden. Druckholz besitzt einen erhöhten Lignin-Anteil und ist daher oft rötlich gefärbt, eine Unterscheidung von Früh- und Spätholz fällt daher oft schwer. Zugholz dagegen ist weißlich glänzend, weil es wenig Lignin und viel Zellulose enthält.

Tonnenschwere Lasten

So mächtig und unverwundbar Bäume erscheinen, ist ihre sogenannte winterliche Ruhephase auch für sie nicht immer ruhig und entspannt. Ein harter Winter kann ihnen wehtun: Insbesondere Schnee kann eine hohe Belastung für die Baumkronen darstellen und kräftige Äste, Kronenteile oder gar ganze Kronen brechen lassen. Das ist leicht vorstellbar, wenn man die Schneemengen betrachtet, die mitunter auf den Ästen ruhen. Das Risiko des sogenannten Schneebruchs ist für Nadelbäume deutlich größer als für Laubbäume – behalten sie doch auch während des Winters ihr dichtes Nadelkleid und bieten damit der weißen Pracht viel Lande- oder vielleicht besser: Angriffsfläche.

Bei entsprechenden Schneemengen kann es aber auch Laubhölzer „erwischen". Vor allem Eiche und Buche tragen oft Teile ihres bereits dürren Laubs bis in den Winter hinein und werfen die letzten alten Blätter mitunter erst mit dem Austrieb des neuen Grüns im Frühjahr ab. Auch auf ihren Kronen kann sich im Winter recht viel Schnee sammeln.

Wie hoch das Risiko von Schneebruch ist, hängt von verschiedenen Faktoren ab. Da ist zunächst natürlich die Schneemenge, mit der im Winter zu rechnen ist. In den Mittel- und Hochgebirgen ist das in Normaljahren deutlich mehr als in den Tallagen. Stehen Bäume im Tal allerdings windgeschützt in Kesseln oder Mulden, ist auch ihr Bruchrisiko erhöht: Aufgrund geringer Windgeschwindigkeiten können die Schneeflocken ungestört auf sie niedersinken und sich auftürmen.

Ein weiterer Faktor ist die Beschaffenheit des Schnees. Nassschnee, der in großen Flocken niedergeht, ist deutlich – mit 300 bis 500 Kilogramm pro Kubikmeter bis zu zehnmal – schwerer als „trockener" Pulverschnee. Aber auch dieser wird mit zunehmendem Alter und Wassergehalt rasch schwerer. So läuten bei Waldbauern und Forstleuten die Alarmglocken, wenn bei hohen Schneelagen auf den Bäumen leichtes Tauwetter einsetzt, das den Schnee nicht rasch abschmelzen, sondern nur allmählich feuchter und deutlich schwerer werden lässt. Um drohenden Schneebruch zu verhindern, werden von Forstseite mitunter sogar Helikopter eingesetzt, die mit dem Wind ihrer Rotorblätter den Schnee von den Baumkronen fegen, bevor dessen Last kritisch wird.

Wird Schnee feucht und sinken die Temperaturen nachts dann wieder unter den Gefrierpunkt, steigt die Gefahr von Schneebruch erneut drastisch: Firn und Eis sind noch einmal deutlich größere Schwergewichte als Altschnee.

Eine große Gefahr für Baumkronen und Äste ist deshalb auch winterlicher Eisregen, der in kurzer Zeit zu massivem Eisanhang an Ästen und Zweigen und dann rasch zu sogenanntem Eisbruch führen kann. Eisbruch kann auch Laubbäume in großem Umfang schädigen.

Schnee und Eis sind Selektionsfaktoren der Evolution: Waldbauern sprechen zum Beispiel von „Tiefland-" und von „Hochlagenfichten". Obwohl beide derselben Art angehören, sind Hochlagenfichten an hochmontane und alpine Lagen besser angepasst. Wie man aus Pollenanalysen weiß, kam die Fichte in höheren Lagen seit jeher öfter natürlich vor, während sie in tiefer liegenden Regionen ihr häufiges Vorkommen dem wirtschaftenden Menschen verdankt. Aufgrund ihres raschen Wachstums und der guten Verwertbarkeit wird sie vom Homo sapiens seit jeher als „Brotbaumart" betrachtet. Ohne Zutun des Menschen wären große Teile Deutschlands und Mitteleuropas fichtenfrei und von Buchen bestanden.

Hochlagenfichten zeigen auffallend schmale Kronen, ihr Holz ist biegsamer als das der Verwandten in den Tieflagen. So bieten sie zum einen Schnee und Eis weniger Angriffsfläche und können zum anderen größere Lasten auf ihren Kronen auch besser abfedern.

Clevere Strategien gegen Schneebruch und Durst

Eine Nadelbaumart, die ebenfalls typisch für hochmontane und alpine Lagen ist, hat sich geradezu perfekt an die harten Bedingungen des dortigen Winters angepasst: die Europäische Lärche. Soweit man weiß, kam dieser Baum ursprünglich nur im Hochgebirge vor, und noch heute wächst er in den Zentral- und Ostalpen bis auf Höhen von 2 500 Metern. Unter den in solchen Lagen herrschenden Bedingungen – große Schneelasten und extrem tiefe Temperaturen – sind Nadeln im Winter eher ungeschickt: Deshalb wirft die Lärche als einziger unserer Nadelbäume ihr „Laub" wie ein Laubbaum vor dem Winter einfach ab. Genauso wie ihre asiatische Verwandte, die Japanische Lärche, die dank forstlicher Aktivitäten mittlerweile auch in Mitteleuropa und in Deutschland vorkommt. Ohne Nadeln überlebt die Lärche Temperaturen von bis zu minus 40 Grad unbeschadet. Behielte sie ihre Nadeln, wäre das nicht möglich: Sie würde verdursten.

Wassermangel – im Fachjargon „Frosttrocknis" – ist also eine weitere Gefahr, die unseren Bäumen in ihrer winterlichen „Ruhephase" droht. Pflanzen „transpirieren" auch während der Wintermonate, das gilt besonders für wintergrüne Nadelhölzer. Sie verdunsten Wasser über das Laub beziehungsweise die Nadeln. Das geschieht vor allem bei Wetterlagen gegen Winterende, wenn tagsüber eine strahlende Sonne am klaren Himmel für frühlingshafte Temperaturen über dem Boden sorgt. Oft herrscht nachts aber noch tiefer Frost und der Boden ist steinhart gefroren. Die Sonnenwärme regt am Tag die Wasserverdunstung an und lässt die Bäume durstig werden – doch aus dem vereisten Boden lässt sich kein Nass gewinnen: Schwerwiegende Trockenheitsschäden können die Folge sein.

Dass Laubbäume und Lärchen in unseren Breiten im Herbst ihre Blätter beziehungsweise Nadeln verlieren, ist also Teil ihrer Strategie, unbeschadet durch den Winter zu kommen.

Als einziger heimischer Nadelbaum verliert die Lärche im Winter ihre Nadeln.

Nadelbäume besitzen sogenannte Spaltöffnungen an den Nadeln. Durch sie werden Sauerstoff und Wasser abgegeben und Kohlendioxid aufgenommen. Vor einer übermäßigen Wasserverdunstung sind sie dadurch geschützt, dass diese Spaltöffnungen in einer dicken Wachsschicht versenkt sind. Mit bloßem Auge ist dieser Verdunstungsschutz gut auf den Nadelunterseiten der Weißtanne zu erkennen: Zwei helle, auffällige Streifen verlaufen rechts und links der Nadelmitte.

Besser noch geschützt sind aber Laubbäume mit ihrer Strategie, das Laub im Winter abzuwerfen: Wo keine Blätter sind, da findet kaum Verdunstung statt. Und doch können auch sie bei gefrorenem Boden unter Wassermangel leiden: Nicht nur über Nadeln und Blätter, sondern auch über verschiedene andere Gewebe wird Wasser in geringem Umfang abgegeben. Nicht zuletzt müssten lebende Blätter im Winter auch mit Nährstoffen versorgt werden, was dem „Sparmodus" der Bäume zuwiderliefe.

Nadelbäume, Laubbäume und ein Zwitterwesen

Die verschiedenen Winterstrategien unserer Bäume sind im Laufe der Evolution entstanden: Laubbäume sind entwicklungsgeschichtlich deutlich jünger als Nadelbäume. Vor etwa 300 Millionen Jahren beherrschten Bärlapp-, Farn- und Schachtelhalmpflanzen mit Höhen von 20 bis über 30 Metern die Waldlandschaften der Erde. Nachdem sie aufgrund eines zunehmend trockenen Klimas den Rückzug angetreten hatten, entwickelten sich vor rund 270 Millionen Jahren die Nadelbäume. Erst vor etwa 100 Millionen Jahren entstanden die Laubbäume und übernahmen bei einer bald darauf einsetzenden starken Abkühlung der Nordhalbkugel bis zu Beginn der Eiszeiten die Regie. Vielleicht ein Grund dafür, dass ihre Mechanismen zur Anpassung an den Winter noch etwas moderner und effektiver sind als die ihrer benadelten Verwandten.

Fast so alt wie die ersten Nadelbäume ist ein weiterer Baum, den es als den letzten Vertreter einer ganzen taxonomischen Ordnung auch heute noch gibt: der Ginkgo, ein lebendes Fossil. Es ist praktisch ein Zwitter aus Nadel- und Laubbäumen. Seine Blätter sehen auf den ersten Blick aus wie Laubblätter und werden im Herbst auch abgeworfen. Dennoch weisen ihn seine Samen als Nacktsamer aus, zu denen die Nadelbäume gehören, wäh-

rend Laubbäume sogenannte Bedecktsamer sind. Die ursprüngliche Heimat des Ginkgos ist Zentralasien, doch er wurde längst auch in andere Kontinente gebracht. Bei uns kommt er vor allem als Park- und Zierbaum vor, im Wald ist er eine Ausnahme. Ginkgos können bis zu 1 000 Jahre alt werden und dann Stammdicken von bis zu vier Metern erreichen. Sie sind erstaunlich widerstandsfähig: Eine Legende rankt sich um einen Gingko-Baum, der beim Abwurf der amerikanischen Atombombe über Hiroshima nur einen Kilometer vom Explosionszentrum entfernt an einem Tempel stand. Der Baum ging in Flammen auf, trieb in den folgenden Monaten aber wieder aus und lebte weiter. Die Inhaltsstoffe der Ginkgoblätter werden in der Heilkunde gegen nachlassende geistige Fitness und Konzentrationsschwäche eingesetzt.

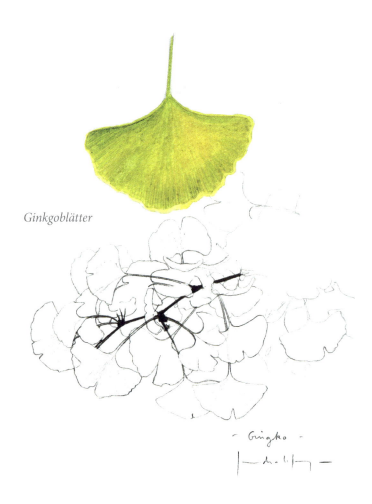

Ginkgoblätter

Auch Bäume können frieren

Zurück zum Winter und den Risiken, denen Bäume bei tiefen Minusgraden ausgesetzt sind. Zu ihnen zählt auch die Gefahr direkter Erfrierungsschäden. Bereits wenige warme Tage genügen, um Bäume zu „enthärten", ihre natürliche Abwehrkraft gegenüber Kälte herabzusetzen. Während die Knospen der Bäume vergleichsweise hart im Nehmen sind, sind vor allem bereits frisch gebildete Blatt- und Nadeltriebe durch späte Fröste gefährdet – bei Minusgraden können sie zerstört werden.

Aber nicht nur zartes, neues Grün, sondern sogar die robusten Stämme der Bäume müssen mitunter einem harten Frost Tribut zollen: Intensive Sonneneinstrahlung auf weitgehend gefrorene Baumstämme führt zu großen Temperaturunterschieden in und an den Stämmen. Vor allem an der sonnenexponierten Südseite der Stämme können dadurch Frostrisse in der Rinde entstehen. In extremen Fällen reichen diese Risse bis in das Splintholz unter der Borke hinein.

Die Gefahr von Erfrierungsschäden hängt nicht allein von den Temperaturen ab, sondern von weiteren Faktoren. Einer ist der Standort eines Baumes. So leidet vor allem der – zumeist angepflanzte – Baumnachwuchs auf Kahlflächen besonders in sogenannten Strahlungsnächten: Bei klarem Himmel verliert die Erdoberfläche viel Wärme und die bodennahe Luft kühlt stark ab. Kaltluftseen sind ähnlich frostgefährdete Lagen.

Ein weiterer Faktor ist die unterschiedliche Empfindlichkeit der verschiedenen Baumarten gegenüber Frost. Sogenannte Pionierbaumarten, die sich bei natürlicher Wiederbewaldung von Kahlflächen nach Windwurf oder Brand zuerst einstellen, weil sie mit den dort herrschenden rauen Bedingungen gut zurechtkommen, sind weniger frostgefährdet als andere. Vergleichsweise frosthart sind zum Beispiel Kiefern, Zitterpappeln und Grauerlen, sehr empfindlich gegenüber Kälte dagegen Weißtanne, Buche, Ross- und die eher in den milden Klimata des Mittelmeerraumes beheimatete Ess- oder Edelkastanie.

Solche Schäden führen meist nur zu kurzzeitigen Wachstumseinbußen, werden in aller Regel aber weggesteckt.

So bleibt am Ende festzuhalten: Unsere Bäume bilden das Rückgrat des Waldes, ohne das vor allem im Winter viele Tier- und Pflanzenarten nicht überleben könnten. Und doch ist auch für sie trotz ihrer Aura aus Kraft und Standhaftigkeit die kalte Jahreszeit kein Spaziergang, sondern mitunter eine harte Zeit.

Austernseitling

— Pleurote en forme d'mitre —

PILZE – LEBEN IM ERDGESCHOSS

ETWA AB ENDE AUGUST begegne ich ihnen gelegentlich bei Spazier- und Reviergängen, im September und Oktober dann öfter. Körbe und andere Behälter tragen sie bei sich, ihr Blick ist konzentriert auf den Boden gerichtet. Die hohe Zeit der Pilzsammler ist gekommen. Sie muten fast wie geheime Bruder- oder Schwesternschaften an, denn Stillschweigen über ihre Speisepilzstandorte zu wahren, gehört für viele zum Ehrenkodex.

Ich selbst bin kein großer Pilzsammler. Gut erkennbare und häufige Arten nehme ich gern einmal mit: Zum Beispiel den Parasol, in Ei und Mehl gewälzt und dann angebraten, ist er einfach köstlich. Den Schopftintling, der häufiger unter den Weinreben in der Nähe meines Wohnortes steht, oder auch den Brätling, der schon im Sommer wächst und anders als die meisten Pilze, gut gereinigt, auch roh vorzüglich schmeckt und bekömmlich ist. Den Brätling zeige ich vorher aber echten Kennern, denn ihn kann man doch leicht mit anderen Pilzen verwechseln. Wirklich intensiv auf die Suche nach Pilzen gehe ich aber nicht. Und doch habe auch ich mich schon bei dem Gedanken „Nein, das ist meiner" ertappt.

Ein Badeschwamm zum Essen

Ein wunderschöner Morgenansitz im September bei einem Freund in Mecklenburg-Vorpommern. Links ist eine Fläche eingezäunt, da Buchen unter ein paar weiträumig stehenden alten Kiefern gepflanzt wurden und es hier recht viele Rehe gibt. Erst wenn Buchen gut 1,30 Meter Höhe erreicht haben und ihre Leittriebknospen nicht mehr von den Rehen gefressen werden können, wird der Zaun überflüssig. Mein Freund hat allerdings den Verdacht, dass das Maschengeflecht stellenweise undicht ist. Er bat mich, zu prüfen, ob sich bereits ein paar Rehe eingeschlichen hätten. Scheint nicht so zu sein, denn bis jetzt habe ich kein Rehwild gesehen. Der flinke Steinmarder, der eher behäbige Dachs und der Schwarzspecht, der auf einen Kiefernstamm eingetrommelt hat, als bekäme er Geld dafür, haben aber mit

Krause Glucke

— sparaxis crispa —

ihrem Auftauchen das frühe Aufstehen bezahlt gemacht. Und natürlich die rötliche Morgensonne, die ihre Kraft erst jetzt gerade zu entfalten beginnt.

Am Fuß einer der Kiefern in gut 150 Metern Entfernung fällt mir plötzlich ein heller, in der Morgensonne fast orange leuchtender Fleck auf. Der war doch eben noch nicht dort? Da lag die Stelle allerdings auch noch im Schatten. Ich schaue durchs Fernglas und werde nicht viel schlauer. Aber eine Vermutung keimt auf. Sandiger Boden, unmittelbar am Fuße eines Kiefernstammes, beige Farbe und schwer zu beschreibende Form – ob das vielleicht eine Krause Glucke ist? Dieser köstliche Pilz, der aussieht wie ein Badeschwamm? Je länger ich hinstarre, desto hoffnungsfroher werde ich.

Plötzlich Stimmen hinter mir. Erst leise, dann immer lauter, und aus dem Wald treten zwei Pilzsammler. In dieser Herrgottsfrühe? Das ist wahre Leidenschaft …

Und dann durchfährt mich ebenjenes „Nein, das ist meiner". Was, wenn die beiden mit ihren professionellen, auf Pilze trainierten Augen „meine"

Krause Glucke entdecken und sie mir wegnehmen? Sollten sie darauf zusteuern, kann ich ja wohl kaum wie ein kleines Kind von meinem Hochsitz herunterrufen: „Der gehört mir, den habe ich zuerst gesehen!"

Von dort unten können die Neuankömmlinge den Standort des Pilzes vermutlich gar nicht sehen, und über den Zaun in die Jungbuchenfläche steigen werden sie ja wohl hoffentlich nicht.

Nein, tun sie nicht, sie entfernen sich wieder auf dem Weg.

Eine halbe Stunde später tue ich es ich aber und halte auf die Kiefer zu. Tatsächlich! Es ist der erhoffte Pilz. Und was für ein Exemplar! Größer als ein Fußball und noch völlig intakt! Mein Freund staunt nicht schlecht über die ungewöhnliche Jagdbeute und gemeinsam genießen wir am selben Abend ein wahres Festmahl. Es hätte gut für drei oder vier Esser gereicht.

Köstlichkeiten im Winterwald

Warum die Pilzsaison Ende Oktober, in guten Jahren mitunter auch erst Anfang November als beendet gilt, hat wohl auch mit dem unfreundlichen Wetter und den Pilzvorlieben der Sammler zu tun, und nicht nur mit den Pilzen. Denn auch im winterlichen Wald kann man welche finden, darunter auch schmackhafte Speisepilze.

Zu ihnen zählt beispielsweise der Austernseitling oder Austernpilz, der an abgestorbenen oder noch lebenden Laubbäumen wächst, selten nur an Nadelbäumen. Dort erscheint der Pilz nach den ersten kalten Tagen meist in größeren Gruppen. Der Stiel ist kurz und dick und, wie die Lamellen, von weißlich beiger Farbe. Dezent silber- bis dunkelgrau ist der Hut von etwa fünf bis 15 Zentimetern Durchmesser. Ab Mitte November ist der Austernseitling dann recht häufig. Der köstliche Pilz ist auch unter Veganern sehr beliebt, lässt sich gut kultivieren und wird entsprechend im Lebensmittelhandel angeboten.

Für die Küche sehr gut geeignet ist zum Beispiel auch der Gemeine Samtfußrübling mit seinem süßlichen Geschmack. Seine gelbbraunen bis honiggelben Hüte über den weißlichen bis hellgelben Lamellen sind echte Hingucker im grauen Winterwald. Er tritt vom Spätherbst bis ins Frühjahr auf, ebenfalls meist an Laubbäumen und oft in größeren Gruppen. Der Samtfußrübling wird vor allem auch in der asiatischen Küche sehr geschätzt.

Gemeiner
Samtfußrübling

Flammulina velutipes

Ein Fadengeflecht mit Fruchtkörpern

Genau genommen sind es gar nicht die Pilze selbst, die die Sammler an ihren „Geheimplätzen" jedes Jahr suchen und zu Hause zu kulinarischen Freuden verarbeiten, sondern nur deren Fruchtkörper. Die meisten Pilze bestehen nämlich aus Fäden, den sogenannten „Hyphen", die ein Netzwerk, das „Myzel", bilden. Dieses Myzel breitet sich im oder am Erdboden, in oder an Holz oder anderem Gewebe aus und ist in der Regel mit bloßem Auge nicht zu erkennen. In unsere Pfannen oder Kochtöpfe wandern nur die Fruchtkörper, die viele Pilze für eine gewisse Zeit des Jahres zu ihrer Vermehrung und Ausbreitung durch Sporen ausbilden. Wir verspeisen also einen Teil der Geschlechtsorgane der Pilze – aber „Fruchtkörper", wer wollte das bestreiten, klingt zweifelsohne besser.

Natürlich sind längst nicht alle Pilze genießbar: Wer seinen Speiseplan mit ihnen bereichern will, sollte sich auskennen oder einen Experten fragen und seine Funde zum Beispiel einem ortsansässigen Pilzberater zeigen.

Und was uns kulinarisch mitunter erfreut, mögen Bäume als Wirte mancher Pilze oft gar nicht. Einige Pilzarten haben nämlich Gemeinsamkeiten mit Zecken, Läusen oder Flöhen: Sie leben parasitär und ernähren sich von Stoffen, die sie dem Wirtsbaum entziehen.

Manche Pilze sind des Baumes Tod

Da gibt es zum Beispiel die verschiedenen Hallimasch-Arten, unter ihnen den bei Waldbauern sehr unbeliebten Honiggelben Hallimasch. Auch als Speisepilz ist er für viele Menschen ungeeignet, denn sie reagieren empfindlich auf ihn. Der weißlich hellgelbe Pilz mit dem hellbraunen Hut von weniger als zehn Zentimetern Durchmesser sieht harmlos aus, hat es aber in sich: Er befällt Laubbäume und baut in ihrem Holz den Baustein Lignin ab. Oft stirbt der Baum dann rasch. Förster sprechen wegen der weißen Farbe des befallenen Holzes von einer „Weißfäule".

Diese Weißfäule verursacht zum Beispiel auch der Zunderschwamm, der ebenfalls an Laubbäumen, vor allem an Rotbuche und Birke, wächst. Er hat keinen Stiel, und an der Unterseite des Hutes keine Lamellen, sondern ein Porengewebe. Fast wie kleine Wandkonsolen sehen seine Fruchtkörper an den Bäumen aus. Sie bringen es auf einen Durchmesser von bis zu 30, in

*Honiggelber
Hallimasch*

Ausnahmefällen sogar bis zu 60 Zentimetern Durchmesser. Die Frucht-körper bleiben sogar über mehrere Jahre bestehen und legen in jedem Jahr etwas an Größe zu. Seinen Namen trägt der Zunderschwamm, weil er einst zu Zunder zum Anfeuern verarbeitet wurde.

Des einen Leid, des andern Freud: Während Bäume vermutlich keine großen Freunde des Zunderschwamms sind, ist er in seinem Nutzen für den Menschen doch ein echtes Multitalent: Medizinische Wirkung wird ihm zugeschrieben, Vegetarier schätzen ihn als wirkungsvolles Nahrungs-ergänzungsmittel und sogar Kleidung kann mit ihm gefärbt werden.

Hübsch anzusehen und … tödlich

Dann ist da noch die Braunfäule, und auch sie wird von Pilzen verursacht: Hier bauen die Pilze als Parasiten Zellulose und Hemizellulose im Holz ab. Das verbleibende Lignin verleiht dem befallenen Holz eine braune Farbe. Typisch ist in fortgeschrittenem Stadium eine würfelförmige Rissbildung im Holz, das vollständig zu Pulver zerrieben werden kann, wenn der Pilz mit ihm „fertig" ist. Braunfäule kann sowohl an lebenden Bäumen als auch an totem, unter Umständen sogar an bereits verbautem Holz entstehen. Verursacher sind zum Beispiel verschiedene Porlingsarten, wie der Lär-chenschwamm, der Fichtenporling oder der Schwefelporling.

Besonders auffällig unter diesen Baumpilzen ist der Fichtenporling oder Rotrandige Baumschwamm: Die im Alter dunkle, krustige Oberseite des mehrjährigen Fruchtkörpers ist durch eine oft rötliche äußere Zuwachszone von der geblichen Unterseite abgesetzt. Manche Menschen dekorieren ihre Wohnung mit dem hübschen Pilz, und auch er ist eine Alternative zu chemischen Textilfärbemitteln.

Aktiv erst bei Kälte

Unschädlich für Bäume und ausgesprochen köstlich ist ein weiterer Pilz, der ebenfalls nur im Winterwald, von Oktober bis Dezember, wächst. Sein Name „Frostschneckling" ist Programm: Meist zeigen sich die Fruchtkörper erst, wenn die Temperatur unter fünf Grad sinkt, oder gar nach den ersten Frostnächten. Sein in Braunschattierungen gehaltener Hut bleibt mit zwei bis sieben Zentimetern Durchmesser eher klein, Stiele und Lamellen sind von gelblich oranger Farbe. Liebhaber schätzen den milden, süßlichen

Zunderschwamm

Frostschneckling

Hygrophorus hypothejus

Geschmack des Frostschnecklings und die Tatsache, dass er auch roh, zum Beispiel als Salatbeigabe, verzehrt werden kann. Dieses kulinarische Highlight wächst vor allem in Kiefernwäldern.

Außer den wenigen hier genannten scheinen viele weitere Pilzarten erst in den Wintermonaten zu vollem Leben zu erwachen – allein über sie könnte man ein ganzes Buch schreiben.

Pilze vor Wissen

Über die Leidenschaft des Pilzsammelns sind ebenfalls schon ganze Bücher geschrieben worden. Wie weit diese Passion gehen kann, erlebte ich während des Forstwirtschaftsstudiums hautnah mit zwei Freunden: Sergej und Moritz. Sergej war als Kleinkind mit seinen Eltern aus dem russischen Ver-

waltungsbezirk Saratow nach Deutschland gekommen, Moritz zum Forst-
studium aus dem Saarland in unseren Studienort gezogen. Beide wurden in
kurzer Zeit so unzertrennlich wie „Pat und Patachon", und sie erinnerten
auch äußerlich an das dänische Komiker-Duo. In puncto Pilze war Sergej
ein Experte vor dem Herrn und pilzbegeistert wie viele Menschen in Osteuropa. Eine kleine polnische Stadt nahe der deutschen Grenze veranstaltete
sogar schon eine Europameisterschaft im Pilzesammeln. Moritz kannte
sich allerdings auch gut aus und wollte stets mehr wissen.

Zu den zahlreichen Exkursionen während eines Studiums der Forstwirtschaft erschienen fast alle mit leichten Taschen, Schreibbrett, Stift und etwas Proviant. Proviant hatten auch Sergej und Moritz dabei, aber anstelle
der Tasche und des Schreibzeugs Stoffbeutel und scharfe Küchenmesser.
Apropos Messer: Die Frage, ob Pilze besser sauber abgeschnitten oder he-
rausgedreht werden, ist wohl bis heute nicht abschließend geklärt.

Hatten wir den Omnibus verlassen und standen draußen am „Waldbild"
(wie man akademisch dazu sagt), dauerte es maximal fünf Minuten, bis sich
Sergej und Moritz diskret und vom Exkursionsleiter unbemerkt absetzten.
Wir anderen warteten bald schon grinsend darauf. Zum vereinbarten Zeit-
punkt tauchte die ganze Mannschaft wieder am Bus auf. Die Taschen der
meisten von uns waren gefüllt mit vollgekritzeltem Papier und nicht immer
bahnbrechendem Wissenszuwachs, Sergejs und Moritz´ Beutel platzten
hingegen vor köstlichen Pilzen.

Bleibt nachzutragen: Pat und Patachon absolvierten das Studium um keinen Deut schlechter als die meisten von uns …

Grüne Polster mit uralter Geschichte

Taxonomisch gesehen zählen Pilze gar nicht zu den Pflanzen, sondern bilden wie das Tierreich ein eigenes Reich innerhalb der Lebewesen, deren
Zellen einen Kern haben und sich durch diese Eigenschaft von den Bakteri-
en unterscheiden. Zu den Pflanzen gehören dagegen viele weitere Bewohner des Waldes, die wie Pilze eher in dessen Erdgeschoss zu finden sind: die
Moose. Ihre Zahl ist Legion – weltweit sind rund 16 000 verschiedene Arten bekannt, einst waren es in Deutschland über 1 100. Leider sind schon
über 50 Arten ausgestorben, fast 30 gelten als vom Verschwinden bedroht

und mehr als 300 weitere als gefährdet. Längst nicht alle Moose sind eng miteinander verwandt. Sie gliedern sich in die drei großen Gruppen der Lebermoose, der Laubmoose und der Hornmoose.

Moose sind die ältesten Landpflanzen und haben sich nach heutigem Wissensstand vor über 400 Millionen Jahren aus Grünalgen entwickelt: Gemeinsam ist ihnen ein vergleichsweise schlichter Bauplan und in der Regel das Fehlen eines Stütz- und Leitgewebes. Sie wachsen relativ langsam und sind daher gegenüber anderen, höheren Pflanzen nicht besonders durchsetzungsfähig. Ihr Trick: Sie besiedeln vielfach Stellen, mit denen die Konkurrenz nicht klarkommt: fast nährstofffreie Standorte wie Felsen, Baumrinde und Blätter, sehr dunkle Waldböden oder vollkommen offene und sogenannte gestörte Standorte wie Sturmflächen oder Lawinenfelder.

Wachsen im Winter

Ein weiteres Merkmal trifft auf alle Moose Mitteleuropas zu: Sie wachsen am aktivsten im Herbst, Winter und Frühjahr. Allerdings nur in frostfreien Perioden. Wer im Winter schneebedeckte Moose finden will, muss etwas Geduld haben und öfter mal vorsichtig unter der Schneedecke nachsehen.

Dass das Hauptwachstum im Winter stattfindet, liegt vermutlich daran, dass die Wasserversorgung in dieser Jahreszeit besser ist als in den wärmeren Jahreszeiten. Moose besitzen ja keine Wurzeln, sie fangen Niederschlags- und Oberflächenwasser mit ihren Blättchen und Stielen auf. Einige von ihnen können das Leben spendende Nass in speziellen Zellen speichern. Die Torfmoose, eine Unterkategorie der Laubmoose, sogar das 30-Fache ihres Trockengewichts! Lange können sie das allerdings nicht tun, da ihre Blätter nicht vor Verdunstung geschützt sind und die Pflanzen ihren Wasserhaushalt so kaum steuern können. Ist die Luft trocken, geben sie nach und nach Wasserdampf an die Umgebung ab und tragen damit zum angenehm kühlen und feuchten Waldklima bei!

Filigrane Schönheiten

Was für malerische Bezeichnungen Moose zum Teil tragen! Namen wie Goldenes Frauenhaar, Becherfrüchtiges Goldhaarmoos oder Gestreiftes

Moose – winterliche Schönheiten

Schönschnabelmoos belegen durchaus einen gewissen Respekt vor der grazilen Anmut dieser Pflanzen. Sternförmige Blätter, aufrecht und „sparrig" abstehende Blätter in zwei- oder dreizeiliger, sternförmiger oder spiralförmiger Anordnung – jedes Moos sieht anders aus, jedes hat seinen eigenen Reiz. Es lohnt sich, ab und zu einmal in die Knie zu gehen und sich die Schönheiten näher anzuschauen, vielleicht sogar mit einer Lupe.

Die Fortpflanzung der Moose ist eine Wissenschaft für sich: Sie bilden eine geschlechtliche und eine ungeschlechtliche Generation, vermehren sich sexuell und vegetativ. Während des Fortpflanzungszyklus' der Laub- und Lebermoose wird es phasenweise noch filigraner: Die Pflanzen bilden Sporenkapseln an langen, feinen Stielen aus, die wie winzige Antennen aus dem Moospolster nach oben ragen und das Bild zarter Anmut noch verstärken.

Nicht zuletzt sind Moose eine wahre Bereicherung für den Gesamteindruck eines Waldes. Ob zum Beispiel ein Fichtenwald an eine Holzplantage erinnert oder an einen Märchenwald, in dem Ronja Räubertochter oder der Räuber Hotzenplotz zu Hause sein könnten, bestimmt nicht zuletzt auch das Vorkommen von Moosen.

Er hat sein Gehörn gerade abgeworfen:
Rehbock im Winterhaar.

Weibliches Reh im Sommer

REHE – ANPASSUNGS-KÜNSTLER MIT BESONDEREN VORLIEBEN

VOR ZWEI TAGEN hat es eine Zeit lang anhaltend geschneit. Nach etwas Weiß Anfang November erst zum zweiten Mal in diesem Jahr, obwohl wir schon in vier Tagen ins neue Jahr wechseln. Und wie meistens zeigte sich der etwa 20 Zentimeter hohe Schnee tags drauf dann so gut wie unberührt: Kaum Fährten oder Spuren waren zu sehen, obwohl die jetzt doch so richtig auffallen. Da ist wieder das Phänomen: Wildtiere lassen sich bei starkem Schneefall und vor allem dem ersten Schnee nach langer schneefreier Zeit regelrecht einschneien und bewegen sich erst mal gar nicht. Fast so, als würde sie das Weiß beunruhigen. Meist schon einen Tag später aber zeigt der „weiße Leithund", wie die Jäger den Schnee auch nennen, was sich da alles rührt im Wald, vor allem nachts.

Hier waren es vor allem Rehe, die immer wieder einmal den Weg gekreuzt haben. Eines ist der vorgegebenen Bahn ein Weilchen gefolgt, hat hier und da an den Knospen der Böschungspflanzen geknabbert und ist dann auf einem bekannten Wechsel den Hang hinaufgezogen.

All das verraten die zierlichen Hufabdrücke der Tiere mit den beiden langen, vorderen Klauen oder „Vorderschalen". Nur wo die Rehe in tieferen Schnee getreten sind, erkennt man auch die Abdrücke der sogenannten Afterklauen, die weiter oben an der Rückseite der Läufe sitzen. Sie sind bei normaler Gangart nicht zu sehen, in der Fluchtfährte auf weicherem Untergrund nur hin und wieder.

Die Rehe, die hier gezogen sind, hatten es allerdings nicht eilig, ihre Abdrücke stehen fast in einer Linie und in regelmäßigen Abständen im Schnee.

Mein junger Wachtelhundrüde Lorbass läuft frei vor mir. Immer wieder stößt er seine Nase in die Hufabdrücke der Rehe und inspiziert sie interessiert. Plötzlich schlägt seine Rute heftiger aus, schlagartig ist er recht erregt. Dann geht auch schon sein Kopf nach oben, und er wittert mit hoher Nase den Hang hinauf. Wenn ich jetzt nicht eingreife, ist Lorbass weg. Ich rufe den Hund energisch zu mir und leine ihn an. Das hat gerade noch geklappt …

Als ich den Hang hinaufblicke, sehe ich auch gleich, warum der Hund so spannungsgeladen ist: Ein Reh steht dort in etwa 50 Metern Entfernung und starrt zu uns herunter. Ich halte die Leine kurz, rede vor mich hin und laufe zügig weiter. Als ich mich irgendwann kurz umdrehe, sehe ich, dass das funktioniert hat: Das Reh steht immer noch an Ort und Stelle, ist nicht geflüchtet.

Der Mensch ist berechenbar

In Wäldern, die oft von Menschen besucht werden, haben sich die Wildtiere und vor allem die Rehe meist an Spaziergänger gewöhnt. Sie wissen ganz genau, auf welchen Linien sich die Zweibeiner bewegen, wie sie das tun, und dass sie dabei gerne plaudern. Hätte ich mich anders verhalten beim Anblick des Rehs, mich zum Beispiel geduckt und mich wegzuschleichen versucht, wäre es wegen dieses merkwürdigen Verhaltens vermutlich geflohen, „abgesprungen", wie wir Jäger sagen. Das habe ich in den ersten Jahren meines Jägerdaseins x-mal erlebt.

Mit Flucht reagieren die Tiere auch immer dann, wenn Menschen ihre üblichen Bahnen, sprich Wege, verlassen. Wie oft schon bin ich zunächst auf einem viel frequentierten Fahr- oder Wanderweg zu einer Ansitzeinrichtung gelaufen, ohne Wild zu bemerken, um dann verblüfft dem wippenden Hinterteil eines plötzlich abspringenden Rehs hinterherzustarren, kaum dass ich den Weg in Richtung Hochsitz verlassen hatte.

Tarnung ist alles

Im Winter sind Rehe ohnehin schwer zu entdecken, wenn sie sich nicht bewegen: Ihr graues Winterfell stellt zwischen den bräunlichen und gräulichen Stämmen von Buchen, Tannen und Co. eine perfekte Tarnung dar. Viel leichter fällt es dem menschlichen Auge, die Tiere im Sommer zu bemerken, wenn sie mit ihrem dann rötlich braunen Fell aus dem Grün der Wiesen hervorstechen. Vor ihren natürlichen Feinden bietet aber auch das Rotbraun des Sommers eine gute Tarnung. Luchs und Wolf besitzen nämlich nur ein reduziertes Farbsehvermögen, sind gleichsam rot-grün-blind. Ein Sommerreh in grüner Umgebung ist für sie allein anhand der Farben kaum auszumachen. Vor den neugierigen Augen des Menschen aber sind Rehe im Wald im Sommer durch voll belaubte Bäume und Sträucher geschützt.

Das Winterfell oder, im Jägerjargon die „Winterdecke", tarnt aber nicht nur den kleinsten Vertreter unserer heimischen wild lebenden Huftiere – auch Schalenwild genannt –, sondern spendet ihnen in der kalten Jahreszeit auch Wärme. Die Winterhaare sind dichter und länger als die des Sommers. Sie umschließen außerdem viele luftgefüllte Hohlräume, deren dämmende Wirkung den Verlust von Körperwärme stark reduziert.

Getragen wird das Winterfell je nach Alter und körperlichem Zustand des Einzeltiers von September oder Oktober bis April, Mai oder Anfang Juni. Beim Wechsel ins Sommerhaar fällt es in großen Büscheln aus, die der aufmerksame Waldbesucher mitunter auch am Boden entdecken kann. Während des Wechsels sehen Rehe daher oft ziemlich struppig aus. Unauffälliger und für den Beobachter nur für kurze Zeit wahrnehmbar verläuft ein paar Monate später der Wechsel ins Winterfell. Ich bin immer wieder überrascht, im Herbst an bestimmten Stellen plötzlich vollkommen graue Rehe zu sehen, die noch zwei Wochen zuvor rotbraun daherkamen.

Energie sparen um jeden Preis!

Im Winter fliehen Rehe nur vor Feinden oder bei Beunruhigung, wenn es unbedingt sein muss. Ihre Strategie in der kalten Jahreszeit: Energie sparen, wann immer es geht! Der Winter ist nun einmal äsungs- sprich futterarm, und da sich daran nichts ändern lässt, haben sich die Tiere im Laufe ihrer Entwicklung angepasst. Ihr Stoffwechsel ist in der kalten Zeit deutlich reduziert, die Körpertemperatur trotz des Winterfells niedriger als im Sommer. Sogar das Volumen des Pansens, eines von drei Vormägen, ist im Winter geringer als im Sommer.

Das kann nur funktionieren, wenn so wenig Energie wie möglich verbraucht wird. Also passen Rehe auch ihr Verhalten an: Sie reduzieren ihre Aktivitäten und bewegen sich möglichst wenig. Jede Störung, die sie zur Flucht zwingt, schadet ihnen daher, weil Fliehen Kraft kostet und an den Energievorräten zehrt. Nicht zuletzt deshalb versucht man, die Tiere ab spätestens Ende des Jahres nicht mehr zu bejagen, obwohl es noch bis zum 31. Januar erlaubt wäre.

Gut also, dass ich meinen jungen Wachtelhund-Rabauken vorhin noch rechtzeitig unter Kontrolle bekam.

Naschkatzen

Beim Weiterlaufen achte ich jetzt besonders auf die natürliche „Verjüngung", also nachwachsende Bäume, die unter den alten Weißtannen und Buchen rechts und links des Weges steht. Da fallen stellenweise Jungbäumchen auf, deren Endtrieb fast wie mit einem Messer abgetrennt ist. Der etwas ausgefranste Rand dieser Schnittstellen verrät, dass diese Knabberei wohl das Werk von Rehen war.

Nur von Luft und Liebe kann natürlich auch das Rehwild im Winter nicht leben, auch in dieser Zeit muss es etwas äsen. Rehe sind wie Kühe und Schafe Wiederkäuer und ihr Magensystem besteht aus den drei Vormägen – Pansen, Netz- und Blättermagen – sowie dem Labmagen, in dem die eigentliche Verdauung beginnt. Da ihr Pansen im Vergleich zu dem anderer Wiederkäuer eher klein ist, müssen sie sehr oft, im Sommer zehn- bis zwölfmal täglich, Nahrung aufnehmen. Ihre Kost hat dazu leicht verdaulich sowie sehr proteinreich und nahrhaft zu sein. Scherzhaft werden sie deswegen auch als Naschkatzen bezeichnet, Wissenschaftler sprechen dagegen von Konzentratselektierern.

Das alles führt dazu, dass sich Rehe im Winter, vor allem bei höheren Schneelagen, gern an den Endknospen und -trieben von Jungbäumen gütlich tun. Förster sehen das mit durchaus gemischten Gefühlen, weil die Tiere ausgeprägte Vorlieben haben: Eichen, Buchen und Weißtannen

cherrette grignottant le bourgeon d'un sapin —

— d... u...

schmecken ihnen ganz hervorragend, Fichten eher weniger und Kiefern gar nicht. Wenn der Verbiss überhandnimmt, kann das zur sogenannten Entmischung der Verjüngung, also dem weitgehenden Ausfall einzelner Baumarten, führen. Zwischen Waldbauern, Jägern und anderen Naturschutzvertretern ist die Diskussionen darüber, inwieweit das ein wirtschaftlicher Schaden ist, der nicht mehr toleriert werden kann, seit langer Zeit ein echter Dauerbrenner.

Zum Glück leben Rehe auch im Winter nicht allein von den Knospen wirtschaftlich wichtiger Baumarten. Davon zeugt die von Schnee freigescharrte Stelle am Erdboden, die ich gerade passiere und in deren Richtung auch mein jetzt angeleinter Lorbass seine Nase streckt. Liegt der Schnee nicht allzu hoch, kratzen die Tiere ihn mit einem Vorderlauf beiseite, wenn sie schmackhafte Äsung darunter riechen.

Besonders schätzen Rehe auch die Sprossen von Weichholzbaumarten wie Espe, Weide und Eberesche sowie von Sträuchern wie Liguster und Heckenkirsche, aber auch von anderen. Da fast all diese Pflanzen ein großes Regenerationsvermögen besitzen und nach dem Verlust von Knospen erneut und dann buschiger austreiben, versuchen viele Jäger, das Nahrungsangebot für die Rehe durch die gezielte Anlage sogenannter Prossholzflächen mit entsprechenden Baumarten und Strauchgärten zu verbessern.

Winterfütterung – idyllisch, aber unnötig

Das ist wesentlich sinnvoller, als die Tiere im Winter in großem Stil zu füttern, denn sie sind im Winter eben gar nicht auf umfangreiche Mahlzeiten eingestellt. Überdies verlaufen die Winter seit vielen Jahren meist so mild, dass sie keine ernsthafte Bedrohung für das Rehwild darstellen.

Die berühmten Heuraufen, auf manchem Postkartenidyll verewigt, sind für Rehe ohnehin sinnlos. Die Naschkatzen können aufgrund ihrer hohen Ansprüche an ihre Kost im Gegensatz zu anderen Schalenwildarten mit Heu so gar nichts anfangen. Das ist eher etwas für Rotwild oder Muffelwild.

In vielen Bundesländern ist die Winterfütterung von Rehen daher mittlerweile strengen Beschränkungen unterworfen. Erlaubt ist sie oft nur noch in Notzeiten, wenn es aufgrund extremer Kälte und vor allem hoher Schneelagen für die Tiere ums Ganze geht.

Ein „Schlüpfer" stößt an Grenzen

Hoch ist der Schnee für Rehe schneller als für Rotwild oder anderes Schalenwild. Selbst ausgewachsene Tiere besitzen in unseren Breiten bei einer Schulterhöhe von nur 60 bis 75 Zentimetern wenig Bodenfreiheit, sodass ihnen das kalte Weiß rascher als anderen Schalenwildvertretern bis an den Bauch und darüber reicht. Dann sind sie in ihrer Bewegung stark eingeschränkt: Ihre eleganten Sprünge in schnellster Gangart, die ohne Behinderung durchschnittlich vier Meter, in rasanter Flucht aber bis zu über sechs Meter weit reichen können, sind dem geschmeidigen „Schlüpfer" jetzt kaum mehr möglich.

Um Missverständnissen vorzubeugen: Gemeint ist hier nicht etwa ein Wäschestück, sondern eine biologisch-jagdliche Einordnung des Rehs nach seinem Körperbau und seinem Fortbewegungsverhalten. Der gedrungene, vorn recht schmal gebaute Rumpf und die schlanken Läufe, deren hintere deutlich muskulöser sind, erlauben den Tieren, sich wie ein Keil durch Unterholz oder dichten Bewuchs an Waldrändern zu bewegen („durchzuschlüpfen" eben). Das entspricht ihrem Fluchtverhalten: Meist legen sie dabei keine langen Strecken zurück, sondern verstecken sich nach kurzer Zeit in dichter Deckung.

Ein Blick von hinten

Drei Tage nach der Begegnung mit dem Reh sitze ich gar nicht weit entfernt auf einem Hochsitz, weil in dessen Nähe ein intensiv genutzter Wildschweinwechsel vorbeiläuft. Die Schwarzkittel lassen sich zwar nicht bli-

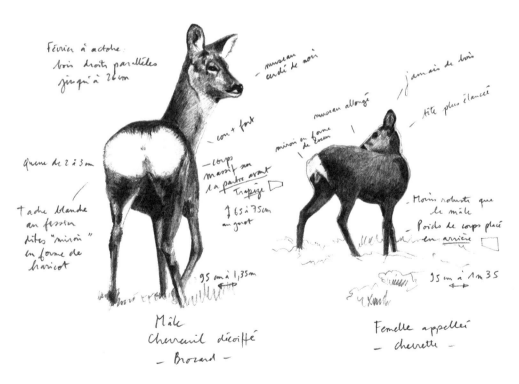

Rehbock unmittelbar nach dem Gehörnabwurf (l.) und weibliches Reh im Winter. Nur der Blick von hinten gibt jetzt Aufschluss.

cken, doch irgendwann wittert Lorbass angespannt in eine andere Richtung. Prima aufgepasst, denn schon schieben sich ein, zwei, nein, drei Rehe auf eine Schneise zwischen zwei Dickungen. Nichts auf dem Kopf und auf den ersten Blick alle etwa gleich groß.

Drei ausgewachsene weibliche Rehe mitten im Winter gemeinsam unterwegs? Das wäre doch sehr ungewöhnlich … Rehe sind eigentlich Einzelgänger und phasenweise auch recht unduldsam gegenüber Geschlechtsgenossen. Die Böcke vor allem im März bis Mai, wenn sie ihre Claims abstecken: Sie reiben ihr Gehörn und eine Drüse auf der Stirn an Büschen und dünnen Bäumchen und markieren so ihr Revier – wehe dem Rivalen, der diese Grenzen nicht respektiert. Zur „Setzzeit", wenn der Nachwuchs kommt, Ende Mai, Anfang Juni, dulden auch Ricken keine anderen Weibchen in ihrer Nähe. Jetzt, im Winter, sind Rehe zwar nicht mehr streng an Territorien gebunden, aber trotzdem keine Liebhaber von Massenveranstaltungen.

Nach ein paar Sekunden erkenne ich, dass das mittlere Reh ein Kitz ist: Sein Köpfchen wirkt doch noch recht stumpf. Als sich das Trio von mir wegbewegt und von hinten präsentiert, entpuppt sich das Kitz als weiblich. Das kräftigste Reh ist dessen Mutter und das dritte ein Bock. Deutlich sind bei der Ricke und beim Kitz die weißen Haarbüschel zu erkennen, die von dem großen, herzförmigen, weißen Flecken am Hinterteil wie ein Stiel nach unten stehen. Den auffälligen Fleck am Popo nennen die Jäger „Spiegel", die stielartigen Büschel der Weibchen „Schürze". Den Männchen fehlt diese Schürze und ihr Spiegel ist eher nierenförmig. Im Winter ist das das einzige Unterscheidungsmerkmal zwischen Männlein und Weiblein, wenn ein Bock sein Gehörn frisch abgeworfen und das neue noch nicht zu bilden begonnen hat, also vollkommen „blank" auf dem Schädel ist. Der Bock vor mir ist vermutlich eineinhalbjährig. Vielleicht ein älterer Bruder des Kitzes aus dem Vorjahresfrühling, obwohl Böcke nur selten so lange bei der Mutter bleiben.

Mein lieber Mann, Kitz und Jährling sind aber gut beieinander! Ich muss schon sehr genau hinschauen, um noch wirklich Größen- und Stärkenunterschiede zu der älteren Ricke festzustellen. Wieder einmal bin ich überrascht, wie schnell sich doch der Rehnachwuchs entwickelt. Das Kitz vor mir ist erst rund acht Monate alt und fast so groß wie die Mutter. Gesäugt wird es schon lange nicht mehr.

Gehörnwechsel

Dafür, dass auch der Bock noch jung ist, spricht nicht zuletzt die Tatsache, dass er sich jetzt erst von seiner Kopfeszier getrennt hat. Alte Böcke sind mitunter schon Ende Oktober kahl auf dem Kopf. Und nach dem Motto „bloß nicht trödeln" dauert es nach dem Abwerfen in allen Altern nicht lange, bis schon die ersten Knubbel des neuen Gehörns zu sehen sind. Wenige Monate bleiben den Böcken, die neue Pracht voll zu entwickeln, bevor deren Wachstum, je nach Alter des Individuums, Ende März bis Mitte Mai endet. In den letzten Wochen des sogenannten Schiebens prahlen die Böcke mächtig, denn während des Wachstums sind die Gehörnstangen in eine dick auftragende, samtartige und stark durchblutete Haut eingehüllt und wirken fast doppelt so dick wie ohne. Diese sogenannte Basthaut versorgt die neuen „Knochen", bis sie fertig ausgebildet sind, trocknet dann ein und wird vom Bock an Büschen und schwachen Stämmchen abgerieben.

Knochen? Ja, der Kopfschmuck von Rehbock, Rothirsch und einigen anderen Wildarten besteht aus Knochensubstanz und wird alljährlich abgeworfen und neu gebildet.

Dass Böcke ihr Gehörn ausgerechnet während der kalten Jahreszeit neu aufbauen, passt eigentlich nicht so recht in die winterliche Überlebensstrategie maximaler Energieeinsparung der Rehe, die sogar ihren Magen schrumpfen lässt. Die Gehörnbildung geht natürlich zulasten des Energievorrats – von nichts kommt nichts! Aber im Frühjahr werden die Stirnwaffen gebraucht, um Rivalen aus dem Einstandsgebiet zu vertreiben. Bald darauf dann zur hochsommerlichen Paarungszeit Ende Juli, Anfang August, um die Damenwelt zu beeindrucken und vor allem, um allzu dreiste

Abwurfstange eines Rehbocks

*Rehbock mit
Bastgehörn*

Nebenbuhler in die Schranken zu weisen. Da das Gehörn aber offenbar einmal im Jahr erneuert werden muss, hat Mutter Natur in ihrer Weisheit nun
mal diesen Zeitplan ersonnen.

Das Wunder „Keimruhe"

Die drei Rehe vor mir sichern ausgiebig und zupfen dann in aller Ruhe Blätter von den Brombeeren auf der Schneise. Im Leib der Ricke dürfte sich
langsam schon wieder neues Leben entwickeln. Auch in Sachen Fortpflanzung hat die Natur den Rehen eine Eigenschaft verliehen, die die Anpassungsfähigkeit der Tiere belegt und fast schon an ein Wunder grenzt: Nach
der Paarung im Sommer kommt es zwar zur Befruchtung der Eier im Mut-
terleib, doch dann legen die Eier erst einmal eine Pause ein und entwickeln
sich nicht weiter: Keim- oder Eiruhe oder auch Vortragezeit nennen das die
Biologen. Erst im Dezember beginnt das eigentliche Embryonenwachstum.
    Dieses Phänomen sorgt dafür, dass die Kitze – es sind meist zwei, manch-
mal nur eines, in Ausnahmefällen sogar drei – erst zu Welt kommen, wenn
es wieder Äsung in Hülle und Fülle gibt und die Bedingungen für ihre Aufzucht optimal sind. Wird im Ausnahmefall ein weibliches Reh im Sommer

nicht erfolgreich von einem Bock begattet – aus welchen Gründen auch immer –, wird es im November noch einmal paarungsbereit. Klappt es diesmal, fällt bei einem solchen „nachbrunftigen" Weibchen die Keimruhe aus, sodass sein Nachwuchs zur selben Zeit gesetzt wird wie der aller Rehmütter.

Ein Kosmopolit

Dass das Rehwild mit seinen Fähigkeiten, Merkmalen und winterlichen Überlebensstrategien nahezu perfekt an unterschiedliche Lebensbedingungen und auch an die mitteleuropäischen Kulturlandschaften angepasst ist, beweist seine weite Verbreitung in ganz Europa und Teilen Kleinasiens. In Deutschland kommt es vom Deichvorland an den Meeresküsten über dicht bewaldete Mittelgebirge bis zu den Alpen und auf Höhen bis zu 3 000 Metern in nahezu allen Landschaften vor. Kaum ein Lebensraum, den es nicht längst erobert hat, einzig in sehr großen Höhen stößt es an seine Grenzen und lebt dort nicht mehr sehr zahlreich. Nicht von ungefähr sind Rehe die mit Abstand zahlreichste Schalenwildart unserer Breiten und vermutlich ganz Europas.

Wald- und Feldrehe

Noch ein Beispiel für diese Anpassungsfähigkeit gefällig? Auf ausgedehnten, deckungslosen Feldlandschaften ohne nennenswerten Wald oder Hecken, die zum Beispiel Teile Norddeutschlands prägen, lassen sich mitunter Rehansammlungen von bis zu 25 und mehr Tieren beobachten. Ein eigentlich sehr ungewöhnliches Verhalten für diese im Grunde einzelgängerisch lebende Wildart, aber ein weiterer Beweis ihrer Flexibilität. Hierbei handelt es sich um Not- oder Sicherheitsgemeinschaften. Wo Versteckmöglichkeiten fehlen, müssen Gefahren frühzeitig erkannt werden, und da gilt nun mal: 20 Augenpaare sehen mehr als eines. Dieses Verhalten unterscheidet sich so grundsätzlich von dem der Rehe im Wald, dass Biologen und Jäger von „Feldrehen" sprechen, fast so, als sei dies eine eigene Art.

Die wintergrauen Rehe vor mir ziehen jetzt weiter, tauchen wieder in der Deckung unter. Chapeau, denke ich hinter ihnen her, ihr seid beeindruckende Geschöpfe!

ROTWILD – MAJESTÄTEN UNSERER WILDBAHN

MEINE SCHWESTER BARBARA UND ICH sind eben aus dem Skilift ausgestiegen und reiben unsere behandschuhten Hände, weil es heute doch gnadenlos kalt ist hier im Montafon auf etwa 1800 Meter. Wir müssen noch etwas warten, denn der Rest der Truppe kommt erst einige Gondeln hinter uns, und wir möchten eine neue Piste ausprobieren und unterwegs alle zusammen den berühmten Einkehrschwung machen. Ein Tässchen Kaffee genießen oder einen Almdudler, dazu vielleicht Käsespätzle oder ein Stück Kuchen – man gönnt sich ja sonst nichts.

Eher aus Langeweile lasse ich meinen Blick den steilen Nachbarhang in vielleicht 500 oder 600 Metern Entfernung entlangwandern, betrachte die mal schmaleren, mal breiteren baumfreien Streifen, die dort einst vielleicht von Lawinen oder Muren in den dichten Wald aus Fichten und einzelnen Lärchen gerissen wurden.

An einem der Streifen bleiben die Augen hängen: Steht da nicht ein Tier? Nein, das bilde ich mir wohl ein. Doch dann bewegt sich die Einbildung. Ich starre mir die Augen aus dem Kopf und bin jetzt sicher. Dort steht ein „dicker Hirsch"! Schemenhaft ist das Geweih zu erkennen, das auf seinem Kopf thront. Irgendwelche Details kann ich natürlich unmöglich ausmachen, aber es müssen schon recht mächtige Geweihstangen sein, um sie auf diese Entfernung überhaupt wahrnehmen zu können.

Aufgeregt verkünde ich meiner Schwester, was ich entdeckt habe. Nach ein paar Einweisungen – „Siehst du die kleinen Felsen da unten und die Rinne darüber? Dann geh die mal hoch und …" – sieht auch sie den Hirsch. Gerade noch rechtzeitig, denn der setzt sich jetzt gemächlich in Bewegung und verschwindet im Wald. Auch Barbara ist einigermaßen überrascht, wenngleich sie meine Begeisterung nicht in dem Maße teilen kann. Als Großstadtpflanze hat sie es nicht ganz so mit Wald und Wild wie ich.

Von den Flussniederungen bis in die Alpen

Fast 2 000 Meter sind wir hoch und selbst mitten im Winter lebt hier auch Rotwild. Das belegt das breite Lebensraumspektrum dieser Wildart, die mit verschiedenen Rassen in fast ganz Europa verbreitet ist und stellenweise auch in West- und Zentralasien sowie in Nordafrika vorkommt. In Deutschland lebt sie vor allem in den Mittelgebirgen und im Alpenvorland, aber auch in den Alpen selbst gibt es Rotwildbestände. Gut gefällt es den Tieren aber auch in den Tieflagen Norddeutschlands oder den Seenlandschaften Mecklenburg-Vorpommerns. So weit in Europa Auwälder wie die niederösterreichischen Donauauen noch existieren, fühlen sich die Tiere dort ebenfalls ausgesprochen wohl.

Und doch entsprechen fast all diese Naturräume nicht dem ursprünglichen Lebensraum des Rotwildes. Das nämlich sind Steppen sowie halb offene und offene Landschaften, wie zum Beispiel Flussniederungen. Eigentlich müsste der „König der Wälder", wie der Rothirsch gern genannt wird, umgetauft werden in „König der Steppe".

Den Winter nehmen, wie er kommt

Obwohl das Rotwild jetzt so weit oben in den Alpen lebt, war es also nicht immer seine Sache, strenge Winter in großen Höhen zu verbringen. Nachdem es begonnen hatte, sich in Europa auszubreiten, unternahm es ausgedehnte Wanderungen zwischen seinen Sommer- und Winterlebensräumen. Aus Hochlagen zog es dabei in die milderen Täler hinunter. Doch die ehemaligen Talauen sind längst verschwunden, die tradierten Wanderwege zerschnitten und blockiert von Straßen, Zuggleisen, Ortschaften, Städten und Gewerbegebieten.

Zwangsläufig muss Rotwild sich also auch auf tiefere Temperaturen und winterliche Nahrungsknappheit einstellen. Der größte Vertreter unseres Schalenwildes – sieht man einmal von vereinzelten Elchen ab, die vom Baltikum und aus Polen kommend, in Nordostdeutschland ein kurzes Gastspiel geben – legt sich zunächst im Herbst ein wärmendes Winterfell zu. Er tauscht das sommerliche Dunkelbraun gegen grauere Farbtöne. Und wie bei Rehen ist auch sein Pansen im Winter deutlich kleiner als im Sommer: Ein bis zu 40 Prozent reduziertes Volumen wurde bei Rotwild nachgewiesen!

Ruhender Rothirsch. „Energie sparen" ist im Winter die Devise.

– cerf allongé –

Mitte Dezember, Treibjagd oder besser: Bewegungsjagd in Mecklenburg-Vorpommern. Etwa 20 Minuten nach Jagdbeginn höre ich mehrere Hunde jubelnd Laut geben, sie haben Wild gefunden. Kurz darauf rauscht ein Rotwildrudel aus etwa 25 Tieren in größerer Entfernung durch ein Kiefern-Stangenholz vor mir, alles Hirsche. Was für ein Bild, was für eine beeindruckende Wildart! Mit ihren langen Läufen weit ausgreifend, sind die Tiere höllisch schnell … und wieder weg. Tja, so kann es eben gehen mit dem Rotwild auf Bewegungsjagden.

Das Fluchtverhalten und die Körpermerkmale sind Indizien für das ursprüngliche Herkunftsgebiet dieser Wildart, die ja längst in unseren Wäldern zu Hause ist. Anders als Rehwild ist das Rotwild kein „Schlüpfer-", sondern ein „Läufertyp". Körperbau, Muskulatur und Ausdauervermögen prädestinieren es dafür, weite Strecken zurückzulegen. In der Steppe ist Deckung eher Mangelware, und um dem ebenfalls sehr ausdauernden Wolf zu entkommen, sind die Qualitäten eines Langstreckenläufers schon recht nützlich.

Diese Art der Flucht wird auch bei Jagden wie der heutigen Bewegungsjagd immer wieder deutlich: Die Tiere legen mitunter einige Kilometer zurück, um sich einem Verfolger zu entziehen. Dann kann es auch ein paar Tage dauern, bis sie wieder in ihr angestammtes Territorium zurückkehren. Rehe dagegen führen einen Verfolger oft nur im Kreis – und an der Nase – herum, ohne ihr angestammtes Einstandsgebiet überhaupt zu verlassen.

Das Kiefern-Stangenholz vor mir ist offenbar schon länger nicht mehr durchforstet worden, die Bäume stehen eng wie die Haare auf dem Hund. Wieder einmal bin ich verblüfft, dass die Hirsche mit ihren mächtigen und ausladenden Geweihen überhaupt in der Lage sind, derart schnell hindurchzulaufen, ohne ständig hängen zu bleiben. Auch wenn die gekrönten Herren über zig Generation den Umgang mit dem Insignium ihrer Männlichkeit im Wald gelernt haben – praktisch ist so ein Geweih da nicht. Auch das ist ein Hinweis auf den Ursprung des Rotwildes: In der Steppe behindert und stört ein Christbaum auf dem Kopf selten. Als Waffe ist das Geweih dagegen sehr wohl geeignet – nicht nur Rivalen, sondern auch Feinden gegenüber. Das hat auch schon mancher Jagdhund erfahren müssen, wenn er einem Hirsch dumm kam und auf die Hörner genommen wurde.

Man muss nehmen, was man kriegt

Wenn auch Hirsch und sein kleiner Vetter Reh im nahrungsarmen Winter eine ähnliche Strategie aus verminderter Aktivität und reduziertem Pansenvolumen fahren, unterscheiden sie sich hinsichtlich des Speiseplans aber recht deutlich, wie mir auf der heutigen Jagd ein genauerer Blick durchs Fernglas einmal mehr bestätigt. Einige der Kiefern und zahlreiche der eingesprengten Fichten sind im unteren Stammbereich halb nackt: Die Borke fehlt. Das war das Rotwild, das sich die Baumrinde hat schmecken lassen. Es hat „geschält". Zum Teil sind diese Erscheinungen jüngeren Datums, sodass das helle Splintholz der Bäume unter der abgezogenen Rinde noch gut zu erkennen ist. Manche der Schäden sind aber wohl schon einige Jahre alt: Hier haben die Bäume damit begonnen, die Rindenwunden von den Rändern her zu überwallen und neue Rinde zu bilden. Die Bäume haben zudem mit starkem Harzfluss reagiert und die Wunden regelrecht zugekleistert.

Als sogenannter Raufutteräser kann Rotwild vergleichsweise faserhaltige Nahrung und damit auch die Borke einiger Baumarten verwerten. Das wäre bei Rehen undenkbar. Im Sommer gehört vor allem auch Gras zur Kost des Steppenmonarchen. Auch das ist ein Hinweis auf sein ursprüngliches Herrschaftsgebiet.

Das Rotwild kann sich nämlich auch schmackhaftere Nahrung vorstellen als zähe Baumrinde. Sie steht nur auf dem Speiseplan, wenn keine andere Nahrung wächst oder kein Zugang zu ihr besteht. So kommt es auch in stark frequentierten Erholungswäldern oder bei größerem Rotwildvorkommen zu solchen Schälschäden, denn das Rotwild bleibt aus Sicherheitsgründen in den Baumbeständen und hält sich von Menschen fern.

écorse arrachée
par un cerf

Schälschäden durch das Rotwild
sehen Waldbesitzer nicht gern.

Wo der Wolf jagt

Etwa eine halbe Stunde nach der Begegnung mit dem Rotwildrudel höre ich erneut den Laut jagender Hunde, diesmal hinter mir. Ich drehe mich vorsichtig auf meinem Stand um. Gerade noch rechtzeitig, denn da kommt ein weiteres Rudel. Es besteht vorwiegend aus weiblichen Tieren mit ihrem Nachwuchs: Kälbern aus diesem Frühling und denen des Vorjahres, jetzt einjährigen weiblichen „Schmaltieren" und männlichen „Schmalspießern". Dieses Rudel ist erstaunlich zahlreich, es mögen 30 bis 40 Tiere sein. Ich bin seit vielen Jahren im Herbst und Winter immer einmal wieder hier zur Jagd, aber derart große Rotwildverbände habe ich vor 10, 15 Jahren nicht zu Gesicht bekommen.

Das hat vermutlich seine Ursache in der Rückkehr des natürlichen Feindes des Rotwilds, des Wolfs. Einzelne junge Wölfe werden seit einigen Jahren immer wieder einmal in dieser Gegend beobachtet, in der Regel wohl junge Rüden auf Wanderschaft, die im Familienrudel nicht mehr geduldet wurden. In den letzten Jahren soll sich aber auch mindestens ein vollständiges Rudel hier etabliert haben und seine Jungen aufziehen.

Wo der Wolf jagt, heißt es achtgeben! Rotwild lebt zwar ohnehin streng sozial in Rudeln, doch dass diese Rudel bei Anwesenheit von Wölfen deutlich größer werden als bei „Wolfsfreiheit", ist ein oft beobachteter Umstand. Wie Feldrehe verlassen sich auch diese Tiere bei allgegenwärtiger Gefahr auf das Mehr-Augen-Prinzip.

Scharfe Augen

Das hat beim Rotwild einen ganz besonderen Sinn, denn es sieht oder äugt ohnehin am besten von allem heimischem Schalenwild. In den Steppen der Urheimat versperrte nur wenig den Blick, sodass ein gutes Sehvermögen zwangsläufig zur Grundausstattung Seiner Majestät wurde. Und noch heute verlässt sich das Rotwild stärker auf seine Augen als anderes Schalenwild. Besonders fiel mir das auf, als ich einmal in den Schottischen Highlands Rotwild beobachten konnte. Dort steht kaum ein deckender Baum oder Busch und die zum Teil riesigen Rudel nahmen jede Bewegung über Hunderte von Metern wahr …

Die Damen unter sich

Wolf hin oder her – das Leben in Gemeinschaften ist charakteristisch für das Rotwild. Dabei halten sich Männlein und Weiblein fast das ganze Jahr hindurch streng getrennt. Das kleinste Rudel ist der Familienverband, der aus einem Alttier mit meist nur einem Kalb und dessen älterem Geschwister, dem Schmaltier oder Schmalspießer, besteht. Wird es Zeit, ein neues Kalb zur Welt zu bringen, gibt das Alttier seinem Vorjahreskalb erst mal den Laufpass. Weibliche Einjährige schließen sich der Mutter und dem Neugeborenen bald wieder an, männliche suchen dann oft die Gesellschaft anderer junger Hirsche.

Später im Jahr schließen sich mehrere Familienverbände oft zu größeren sogenannten „Kahlwildrudeln" zusammen. In diesen Gruppen sind dann mitunter auch wieder einzelne sehr junge Hirsche. Angeführt werden die Rudel von einem älteren, erfahrenen Alttier, dem sogenannten Leittier. Chefin kann aber nur eine Hirschkuh sein, die selbst ein Kalb führt. Verliert ein Leittier aus welchen Gründen auch immer sein Kalb, ist es vorbei mit dem Führungsanspruch.

Hirschrudel

Nicht von ungefähr bestand das erste Rudel, das ich an jenem Jagdtag in Mecklenburg-Vorpommern gesehen habe, nur aus Hirschen. Ältere Männchen rudeln sich mit Beginn des Winters zu reinen Männergesellschaften zusammen, in denen sie vor allem während des Frühjahrs und Sommers zusammenleben. Ihre Rudel sind in ihrer Zusammensetzung allerdings weniger stabil als die Kahlwildrudel.

Die Zeit zwischen Juni und August nennt man die „Feistzeit": Die Herren der Schöpfung fressen sich Fettreserven für die bevorstehende Brunft an. In dieser Zeit stehen sie in Feisthirschrudeln beieinander. Nähert sich die hohe Zeit der Liebe, lösen sich diese Rudel auf. Die Hirsche gehen auf die Suche nach paarungsbereiten Weibchen und ziehen zu den Einstandsgebieten der Kahlwildrudel. Je nach Lebensraum vollzieht sich dann von Mitte September bis etwa Mitte Oktober das beeindruckende Spektakel der Brunft, das in so mancher Gaststube als Gemälde vom röhrenden Hirsch einen festen Platz an der Wand hat. Im Alpenvorland setzt die Brunft erst im Oktober ein.

Bis es so weit ist, herrscht in den Hirschrudeln eine Rangordnung, wenn es auch keinen Anführer wie bei den Kahlwildrudeln gibt. Die Hierarchie ist nicht in Stein gemeißelt und kann sich immer wieder ändern. Zu einer hohen Position verhelfen im Winter zunächst noch Geweihgöße, aber auch Alter und Körperstärke. Lange werden die Häupter der Hirsche allerdings nicht mehr gekrönt sein: Ende Februar verlieren zunächst die Älteren ihr Geweih, aber bis zum April sind dann alle Geweihe am Boden. Wer sein Geweih verloren hat, rutscht innerhalb des Machtgefüges des Rudels zunächst einmal ab.

*Abwurfstange eines
Rothirschs*

Des Königs Krone

Wie der Rehbock beginnt auch der Rothirsch recht zügig mit der Ausbildung des neuen, vorerst von Basthaut umhüllten Geweihs. Dass der neue Kopfschmuck während seines Werdens empfindlich und verletzungsgefährdet ist, scheint den Hirschen klar zu sein: Rudelinterne Auseinandersetzungen tragen sie jetzt mit den Vorderläufen aus.

Einen Vorteil haben Hirsche gegenüber Rehböcken: Der wesentliche Teil der energetisch aufwendigen Geweihbildung findet nicht in der äsungsarmen Jahreszeit statt, sondern während des Frühjahrs und Sommers. Das ist auch gut so, denn immerhin bildet der Hirsch eine Knochenmasse aus, die über dem Zehnfachen eines Rehbockgehörns liegt: Vier bis fünf Kilogramm Geweihgewicht sind in unseren Breiten durchaus möglich. Im Juli oder August ist die neue Kopfeszier dann fertig und wird von der Basthaut befreit.

Alttier und Kalb – lange unzertrennlich

Noch eine halbe Stunde dauert die Bewegungsjagd, und seit dem Anblick des Kahlwildrudels ist es in meiner Umgebung ruhig geblieben. Außer ein paar Eichelhähern, die sich mehrfach lautstark über meine Anwesenheit

Während seiner Aufbauphase ist das Rothirschgeweih von einer samtartigen Basthaut umhüllt.

beschweren müssen, habe ich kein Wildtier gesehen. Krabat und Lorbass, meine Rüden, haben je zweimal vorbeigeschaut und sich dann wieder der Suche nach Wild gewidmet. Jetzt aber höre ich deutliche Tapser in dem gefrorenen Laub. Es ist gar nicht so einfach, die Richtung der Geräusche zu orten, doch dann sehe ich drei Alttiere mit Kälbern und zwei Schmaltiere. Recht langsam ziehen sie vor mir durch die Kiefern. Eines der Kälber ist ausgesprochen schwach, geradezu kümmerlich. Und da es beim Rotwild, wie bei allem anderen Schalenwild, wildbiologisch sinnvoll ist, vor allem bei den Kälbern und Einjährigen einzugreifen, so hart das auch klingen mag, wird es meine Beute. Die restlichen Tiere stieben davon.

Ein unverzeihlicher Fehler wäre es gewesen, eines der Alttiere ohne sein Kalb zu erlegen. Während Rehkitze um diese Jahreszeit schon so weit entwickelt und selbstständig sind, dass sie durchaus auch ohne Muttertier zurechtkommen, hält die Bindung von Rotwildkälbern an das Alttier deutlich länger an. Auch um diese Jahreszeit und selbst bei hoher Flucht kleben sie förmlich an der Mutter.

Wenn Kälber schon im ersten Lebenswinter die Mutter verlieren, überleben sie zwar in aller Regel, zahlen aber einen hohen Preis. Von einer Adoption verwaister Kälber halten andere Alttiere und das Rudel nämlich nichts: Waisen müssen das Rudel verlassen. Im Frühjahr sind sie deutlich schwächer als die gleichaltrigen anderen Kälber und in körperlich schlechter Verfassung. Sieht man im Frühjahr so ein kümmerliches Tier, kann einem der Anblick das Herz zerreißen. Es ist daher eine eiserne Regel unter Jägern: Ein Alttier darf immer nur erlegt werden, wenn zuvor das Kalb zur Strecke gekommen ist.

Königreich mit Auflagen

Als ich das Kalb nach Ende der Jagd versorgt habe, warte ich auf meinen „Ansteller", also den revierkundigen Jäger, der mich bei dieser Jagd eingewiesen hat. Währenddessen geht mir nicht zum ersten Mal der Umgang mit dem majestätischen Rotwild in unserem Land durch den Kopf. Es liegt nämlich nicht nur am Verschwinden geeigneter Wintereinstände und der Unterbrechung tradierter Routen, dass die Wanderlust für das Rotwild längst zum Wanderfrust geworden ist. Aus Sorge vor wirtschaftlichen Schäden am Wald, vor allem durch das Schälen, wird diese Wildart seit Jahrzehnten auf Betreiben der Forstwirtschaft gezielt „gemanagt" und nur in ausgewiesenen Rotwildbezirken geduldet. Diesen Regionen stehen die rotwildfreien Gebiete gegenüber, in denen ein strenges Abschussgebot besteht. Während der Wildart in den nördlichen Teilen der Republik zumindest weite Teile der noch rotwildlosen Flächen für ihre Ausbreitung zugestanden werden, soll der Bestand im Süden Deutschlands außerhalb der Rotwildbezirke rigoros abgeschossen werden. Dort macht der Anteil der No-Go-Areas auch den überwiegenden Teil der Fläche aus, in Baden-Württemberg sogar 96 Prozent des Landesgebiets. Jäger und viele

Naturschützer kritisieren dieses Konzept, das gerade für eine Wildart wie das Rotwild alles andere als artgerecht ist. Sie bemängeln vor allem auch die Verinselung und Isolation der Rotwildvorkommen in oft weit voneinander entfernten Rotwildbezirken und die damit verbundene Gefahr der genetischen Verarmung. Wirtschaftliche Interessen in Ehren, aber eine königliche Behandlung sähe sicher anders aus.

Wintergatter

Unter den harten Bedingungen schneereicher Gebirgslagen hat man zumindest das Einsehen, dass auch Rotwild dort im Winter trotz zurückgeschraubten Energiebedarfs nicht ganz ohne Nahrung auskommt. So richtet man stellenweise große Wintergatter ein. Das Rotwild wird mit Futtergaben hineingelockt, dann werden die Gattertore bis zum Frühjahr geschlossen. Bis dahin wird regelmäßig gefüttert. Das Konzept bezweckt aber nicht nur den Erhalt des Rotwildes, sondern auch, Schäden am Wald, die das Wild notgedrungen im Winter anrichten würde, in Grenzen zu halten.

Fütterung im Gatter ist nicht gerade das, was dem Bild einer frei lebenden Wildart entspricht, aber besser als nichts. Ich kann dem König, ob nun der Steppe oder des Waldes, nur wünschen, dass ihm irgendwann das Reich zugestanden wird, dass seiner würdig ist. Und ich danke ihm im Stillen für den heutigen herrlichen Tag.

Rothirsch an einer Heufütterung

chamois et son petit cabri

GÄMSEN – FELSAKROBATEN
AUF HOHEM GRAT

VIELE JAHRE IST SIE JETZT HER, meine erste Begegnung mit Gämsen in freier Wildbahn, und sie verlief ziemlich unspektakulär, fast langweilig. Für meine Diplomarbeit in Wildbiologie, die Teil meines Forstwirtschaftsstudiums war, war ich vom späten Winter bis zum Frühjahr einige Wochen regelmäßig im Schwarzwald unterwegs, um für meine Diplomarbeit im Fachbereich Wildbiologie Kolkraben-Brutpaare zu lokalisieren und deren Brutverhalten zu dokumentieren. Die Arbeit führte mich oft in mir bis dahin unbekannte Ecken. Eines Abends rollte ich in fortgeschrittener Abenddämmerung in meiner altersschwachen Studentenkarre auf einem schmalen Sträßchen ein Seitental hinunter und sah rund 100 Meter seitlich von mir ein paar Tiere in der Wiese stehen. Vollkommen in Gedanken versunken, nahm ich sie kaum wahr – erst in letzter Sekunde registrierte mein Gehirn, dass diese Tiere keine üblichen Weidetiere waren.

Schwarzwald-Gämsen

Ich schaute genauer hin. Tatsächlich, das waren keine Kühe, keine Pferde, Schafe oder was sonst so vertraut auf unseren Wiesen herumsteht. Es waren fünf Gämsen! Sie grasten in aller Ruhe und ließen den lieben Gott einen guten Mann sein. Dass ich den Wagen stoppte, um sie mit dem Fernglas genauer zu betrachten, störte sie nicht im Geringsten. Als ich dann weiterfuhr, war ich doch etwas enttäuscht. Dass es im Schwarzwald Gämsen gibt, wusste ich, hatte sie aber auf den höchsten Höhen des Feldbergs, des Belchen oder des Schauinslands gemutmaßt. Aber wie Kühe auf einer grünen Wiese grasend, in nicht einmal ganz 700 Metern Höhe? Das entsprach so gar nicht meiner Vorstellung von hochalpinen Gipfelstürmern, die an und über der Baumgrenze von verschneiten und vereisten Felsen auf die Welt herunterschauen …

In den folgenden Wochen begegneten mir die weitläufigen Verwandten unserer Hausziegen des Öfteren. Für meine Diplomarbeit musste ich immer wieder steile Hänge abseits der Wege hoch- oder herunterkraxeln. Und nicht nur einmal sprangen dabei plötzlich mal eine, mal zwei oder drei Gämsen hoch. Immer schienen sie mindestens so überrascht wie ich: In regelmäßigen Abständen stießen sie ihren rau-heiseren, etwas monotonen Warnpfiff aus, glotzten mich aber vorerst nur an. Wenn ich dann weiterlaufen musste und ihnen noch näher auf den Pelz rückte, reagierten sie mit Flucht.

Ein Thron aus Fels

Gut eine Menschengeneration und zahlreiche Gamsbegegnungen später hatte dann mein Sohn Lucas Gelegenheit, seine erste Gämse so zu sehen, wie es meinem Idealbild entsprochen hätte. Nachdem der klettersport-begeisterte Filius seinen alten Herrn geduldig und nachsichtig in Tirol über einen Klettersteig gelotst hatte, stiegen wir am Nachmittag über einen schmalen Steig ins Tal ab.

Ich starrte unsicheren Tritts vor mir auf den Boden, als Lucas plötzlich aufgeregt fragte: „Hey Vadda, was für ein Tier steht denn da oben?" Er wies mit ausgestrecktem Arm auf einen schneebedeckten Felskamm.

„Wo?"

„Na, da!"

Meine Augen irrten zunächst hin und her – aber tatsächlich: Auf einem Felsvorsprung wohl gut 250 Meter vor und über uns stand eine einzelne Gams. Unbeweglich thronte sie da oben und blickte ins Tal hinab: „Eine Königin überblickt ihr Reich." Ähnliche Beobachtungen hatte ich seit meinem geschilderten Ersterlebnis auch schon machen dürfen, aber das war schon ein Anblick wie aus dem Bilderbuch.

Waldgämsen sind nicht neu

Mittlerweile weiß ich längst, dass beide Begegnungen mit der Gams – meine erste im Schwarzwald und die zusammen mit meinem Sohn – durchaus zu der Wildart, ihrer Verbreitung und ihrer Lebensweise passen, auch wenn

Welch ein Anblick: So sah mein Sohn seine erste Gämse.

mir das beim ersten Mal nicht passte. Gamswild ist in dieser Hinsicht nicht ganz so festgelegt, wie ich gedacht hatte. Allerdings gingen selbst Zoologen und Wildbiologen lange Zeit davon aus, dass die Verbreitung der Gämsen außerhalb alpiner Lagen eine neue Erscheinung sei, und sie hielten „Wald-und-Wiesen-Gämsen" für menschengemacht. Auch wenn die Vorkommen im Schwarzwald und anderen Mittelgebirgen tatsächlich auf Auswilderung zurückgehen, so ist die Annahme, es stecke immer der Mensch hinter der Ausbreitung, mittlerweile durch archäologische Funde widerlegt. Heute wissen wir, dass das Hochgebirge einen Rückzugsraum für die Wildart dar-stellt. Bis vor sieben bis neun Jahrtausenden kamen die Gämsen in den meisten Teilen Deutschlands und Frankreichs vor – in unserem Land bis ins heutige Niedersachsen hinein.

*Während der Brunftzeit gehen rivalisierende
Gamsböcke nicht zimperlich miteinander um.*

Heimat Hochgebirge

Abgesehen von den vereinzelten kleinen Gamsvorkommen in den Mittelgebirgen ist gegenwärtig der Alpenraum mit Teilen des Balkans und der
Karpaten das Hauptverbreitungsgebiet unserer Gams, zoologisch korrekt
„Alpengams" genannt. In den Pyrenäen lebt mit der „Pyrenäen-Gams" eine
enge Verwandte.

Einen unwirtlichen Rückzugsraum hat sich das Wild da ausgesucht: In
den Alpen führt sie ein ungleich härteres Leben als in den deutlich milderen Mittelgebirgen oder im Flachland. Unwegsames Gelände und nackte
Felsen, Kälte und monatelange hohe Schneelagen sowie ein vergleichsweise
karges Nahrungsangebot sind die Stichworte. Doch damit kommen sie im
Großen und Ganzen gut zurecht.

Weites Herz, Spikes unter den Sohlen und offene Augen

In Hochgebirgslagen ist die Luft dünn und sauerstoffärmer als in der Ebene – für Gämsen kein Problem: Ihre ungewöhnlich hohe Anzahl roter Blut-
körperchen vorsorgt die Tiere selbst bei körperlicher Anstrengung ausrei-

chend mit Sauerstoff. Dazu kommt ein deutlich voluminöseres und kräftigeres Herz als das von Tieflandbewohnern wie zum Beispiel dem Reh. Einen Puls von 200 überstehen sie mit dieser leistungsfähigen „Pumpe" problemlos.

Zum Klettern sind die Tiere wie geschaffen mit ihrem gedrungenen, muskulösen Körper und den kräftigen Läufen. Die Schalen beziehungsweise Hufe oder Klauen an den vorderen Läufen sind immer etwas gespreizt. Fast quadratisch wirkt der Fußabdruck der Gämse und ist damit von dem anderer Schalenwildarten gut zu unterscheiden. Überdies fallen die Vorderklauen auf ganzer Länge recht breit aus. Diese vergleichsweise großen Fußflächen verhindern wie Schneeschuhe ein allzu tiefes Einsinken der Tiere im Schnee.

Damit nicht genug: Die Außenränder der Vorderklauen sind sehr hart und bieten selbst auf schmalen Kanten und Bändern sicheren Halt. Die weichen, hartgummiartigen Klauensohlen erlauben es dem Gamswild, sich auch auf glatten Felsen noch sicher zu bewegen und sogar zu springen. Bis zu sechs Meter weite Sätze kann eine Gämse machen. Das ist fast schon olympiareif!

Mit dieser Ausstattung sind die Tiere bestens für das Leben eines Bergkraxlers gerüstet. Lediglich der Alpensteinbock, auch ein Vertreter der „Ziegenartigen", vermag da mitzuhalten. Er versteht sich sogar noch etwas besser auf das Hochgebirgsleben und steigt rund 1000 Meter höher als das Gamswild.

Doch auch für geschickte Klettermaxe wie die Gämsen heißt es Augen auf im Gebirge und auf steilen Pfaden: Anders als die meisten Schalenwildarten sind sie deshalb bei Tageslicht aktiv, vor allem in den Morgen- und Abendstunden.

Über und unter der Baumgrenze

Im Sommer leben sie oberhalb der Baumgrenze in Höhen von bis zu 2500 Metern, auf Bergkiefern- und Geröllfeldern sowie Almwiesen. Bevorzugt werden eher südexponierte Lagen, da hier die Sonneneinstrahlung für Wärme und schneefreie Nahrungsplätze sorgt. Jetzt tragen sie ihr gelblich braunes Sommerfell mit einem deutlichen schwarzen sogenannten Aal-

Die Hornschlauchenden weiblicher Gämsen sind tendenziell schwächer „gehakelt" als die der Böcke.

strich auf dem Rücken. Im Winter wird es mit der Nahrungssuche so weit oben schwierig. Dann ziehen sie sich in die tiefer gelegenen Bergwälder zurück. In dieser Zeit schützt sie das annähernd schwarze Winterfell mit einer dichten, gräulich braunen Unterwolle.

Zügel und Hörner

Charakteristisch für das Äußere der Gämsen ist sommers wie winters ihre Gesichtsfärbung, die etwas Maskenähnliches hat: Zwei schwarze Längsbinden, die sogenannten Zügel, ziehen sich von den Ohren über die Augen bis zur Nase und kontrastieren mit den ansonsten weißlichen Gesichtspartien.

Typisch sind natürlich auch die etwas nach vorn geneigten Hörner mit den stark nach hinten und unten gekrümmten Spitzen. Diese Krümmung wird auch Hakelung genannt. Diese Kopfeszier besteht aber nicht, wie bei Rehbock und Rothirsch, aus Knochen. Es sind vielmehr hohle Schläuche aus verhornter Haut – vergleichbar mit unseren Fingernägeln und Haaren –, die auf kurzen Knochenzapfen sitzen. Ebenso verhält es sich zum Beispiel bei Muffelwiddern oder Steinböcken. Insofern ist der jagdliche Ausdruck „Gehörn" für die Stirnwaffen des Rehbocks irreführend, da sie eben nicht aus Horn bestehen. Streng genommen trägt auch der Rehbock wie der Rothirsch ein Geweih.

Ein weiterer Unterschied zwischen den Horn- und den „Knochen-" bzw. „Geweihträgern": Gämse und Co. werfen ihre Stirnwaffen nicht alljährlich ab, um sie energiezehrend wieder neu aufzubauen, sondern tragen die Hornschläuche ihr Leben lang. In jedem Jahr kommt an deren Basis ein Stückchen dazu – in den ersten beiden Jahren noch ziemlich viel, in späteren Jahren immer weniger. Da dieses Wachstum schubweise verläuft, entstehen an den Hörnern gut erkennbare Jahresringe, fast wie im Inneren eines Baums. Wer diese Ringe auszählt – was freilich bei einer lebenden Gams schwierig sein dürfte –, kann darüber das Alter des Tieres bestimmen.

Und noch etwas ist bei den Hornträgern ganz anders als bei Rehen und Hirschen: Männlein wie Weiblein können Hörner tragen. Unter den Geweihträgern gibt es das nur bei Rentieren. Während beim Steinbock die weiblichen Tiere deutlich kleinere Hörner haben und Muffelschafe keine Hörner oder nur kurze Stümpfe tragen, sieht der Kopfschmuck bei Gamsgeißen kaum anders aus als bei den Böcken. Sie sind tendenziell etwas dünner und ihre Spitzen sind etwas weniger stark nach unten gekrümmt als bei den Böcken –, doch das zu erkennen, setzt schon einen Expertenblick vo-

Gamsgeiß mit Kitz

raus. Kurzum: Rein äußerlich sind Gamsböcke und Gamsgeißen nur schwer zu unterscheiden, wenn bei einem Bock an der Bauchlinie nicht das Haarbüschel vor dem Penis – oder im Jägerdeutsch der Pinsel vor der Brunftrute – zu erkennen ist.

Sozialleben

Im weitesten Sinne vergleichbar mit dem Rotwild ist dagegen das Rudelleben des Gamswildes. Geißen, Kitze und einjährige Tiere bilden größere Rudel, deren Zahl und Zusammensetzung allerdings stark variieren kann. In diesen Rudeln ist des Öfteren das ziegenähnliche Meckern einzelner Tiere zu hören. Mit diesem Laut suchen sich die Tiere gegenseitig oder drücken Angst aus.

Jüngere Gamsböcke tun sich oberhalb der Baumgrenze gelegentlich zu kleinen Rudeln zusammen, während alte Böcke Einzelgänger sind und Eindringlinge erbarmungslos verjagen.

Bescheidenheit ist ihre Zier

Im Winter ist die Nahrung im Hochgebirge oft von meterhohem Schnee begraben, aber auch im Sommer ist das Angebot im Vergleich zu milderen Regionen nicht gerade üppig. Diesem Umstand setzen Gämsen ausgeprägte Anspruchslosigkeit entgegen. Sie fressen fast alles, was in großen Höhen noch wächst, solange es pflanzlichen Ursprungs ist: Gras – selbst vertrocknetes, Flechten, Moose, Zwergsträucher, die Triebe von Laub- und Nadelbäumen inklusive jener der schwer verdaulichen Latschenkiefer. Anders als Rehe äsen die Tiere nicht nur Knospen und grüne Triebteile, sondern führen sich auch verholzte Triebe zu Gemüte.

In puncto Genügsamkeit wird die Verwandtschaft der Gämsen zur gemeinen Haus- und Hofziege deutlich. Während einer längeren Reise durch den Südosten der Türkei war ich oft verblüfft, auf vollkommen kahlen Felshängen regelmäßig Hirten mit kleinen Gruppen von Ziegen zu sehen. Wovon bitte schön lebten diese Tiere? Ihre prall gefüllten Bäuche ließen aber ebenso wenig eine Hungersnot vermuten wie das freundliche Lachen der Hirten große Sorgen ihrer Besitzer.

Die Fähigkeit der Gämsen, in großen Höhen fast alles an Vegetation zu verspeisen, verursacht mancherorts aber Probleme. Während bei zu hohen Gämsenbeständen in den Waldgebieten der Mittelgebirge die Waldverjüngung und die Baumartenmischung Schaden nehmen können, kommen im Alpenraum noch andere Aspekte hinzu: Die höchstgelegenen Waldregionen knapp unterhalb der Baumgrenze sind für Bäume auch ohne Gämsen eine echte Kampfzone, in der das Dasein kein leichtes ist. Und doch haben gerade dort Bäume eine große Bedeutung für den Lawinenschutz und die Verhinderung von Bodenerosion. Werden zu viele von ihnen stark verbissen, gehen sie ein und schwächen so die Schutzreihen – mit entsprechend gravierenden Folgen.

Hinzu kommt, dass das Gamswild in manchen Regionen selbst im Frühling und Sommer in tiefer gelegene Waldgebiete zieht. Dort, wo ihnen in höheren Lagen Wanderer, Mountainbiker, Drachenflieger, Paragleiter und andere Erholungssuchende für zu viel Unruhe sorgen. Gerade in den bayerischen Alpen sind aber manche Waldgebiete aus gutem Grund als Lawinenschutzwälder ausgewiesen. Die Unantastbarkeit dieser Wälder geht so weit, dass Gämsen dort das ganze Jahr hindurch abgeschossen werden dürfen, sie also keinerlei Schonzeit haben. Für die Tiere ist das mehr als bedauerlich.

Hohe Verluste

Hinsichtlich des Speiseplans wenig wählerisch zu sein, ermöglicht den Gämsen ein Leben in großen Höhen, doch hier fordert vor allem auch General Winter seinen Tribut von ihnen. Selbst diese pflanzlichen Allesfresser können jetzt unter einer Nahrungsknappheit leiden, die bis zum Hungertod führen kann. Kraft zehrende Fluchten vor Skitouristen oder anderen Störfaktoren verschärfen die Situation und lassen die Tiere unter Umständen in ein Energiedefizit geraten.

Die sogenannte „natürliche Sterblichkeit" des Gamswildes ist in manchen Jahren daher recht hoch. Betroffen sind davon vor allem auch die im Mai oder Anfang Juni gesetzten Kitze. Eines, selten zwei oder gar drei, sind es pro Gamsgeiß, und sie sind rasch trittsicher: Schon nach wenigen Stunden folgen die Kitze der Mutter in unwegsames Gelände. Doch Klettervermögen ist nicht das Problem.

Kitze haben bei einem hohen Energiegrundumsatz nur geringe Fettreserven, wenn sie sich der kalten Jahreszeit stellen müssen. Erste größere Ausfälle treten gegen Ende der etwa sechsmonatigen Säugezeit auf: Die Nahrungsumstellung fällt schwer und es herrscht schon Winter. In extremen Jahren überleben mitunter 50 Prozent der Kitze ihren ersten Winter nicht. Vom Hungertod bedroht sind aber auch einjährige und sehr alte Tiere, denn auch sie gehen meist mit wenig Energievorrat im Rucksack in den rauen Winter. Zahlenmäßig fast schon zu vernachlässigen sind da die Tiere, die im Winter gelegentlich auch Lawinenabgängen zum Opfer fallen.

Adler, Luchs und andere Gegner

Neben der Witterung sorgen auch verschiedene natürliche Feinde dafür, dass es den Alpengämsen nicht zu wohl wird. Dazu zählt vor allem in der Schweiz der dort wieder recht verbreitete Luchs. Die große „Kleinkatze"

Steinadlerporträt

erbeutet überwiegend Kitze, Jungtiere und alte, schwache Gämsen. Auch Uhu und Steinadler wissen ein zartes Gamskitz durchaus zu schätzen, der mächtige Adler schlägt mitunter auch einjährige Tiere. In den Mittelgebirgen zählt auch der Wolf, sofern er denn vorkommt, zu den Fressfeinden des Gamswildes.

„Manche mögen's heiß" laut einer der bekanntesten Filmkomödien … aber manche (Tiere) wohl auch kalt. Als wäre das Leben in Europas höchstem Gebirge nicht schon hart genug, findet das Liebesleben des Gamswildes ausgerechnet von Ende Oktober bis Mitte Dezember statt. Dann also, wenn der alpine Winter bereits sein strenges Regime führt.

Fortpflanzung – nicht leicht gemacht

In der Hoffnung auf erotische Abenteuer ziehen die älteren Böcke jetzt zwischen den Rudeln der weiblichen Tiere hin und her. Die Damenschar wird in der Regel jedoch von einem Platzbock beansprucht und gnadenlos verteidigt. Zunächst versucht man das mit Imponiergehabe: Die Böcke plustern sich auf, indem sie ihre langen Haare auf dem Widerrist und der Kruppe aufrichten. So wirken sie etwas größer, als sie tatsächlich sind.

Zeigt sich das Gegenüber davon unbeeindruckt, wird es deutlich rauer. Der Eindringling wird vertrieben, und das in rasanten Hetz- und Verfolgungsjagden durch Schnee, über Felsen und Geröll. Immerhin kann Gamswild in abschüssigem Gelände Geschwindigkeiten von bis zu 50 Stundenkilometern erreichen. Die Vertreibung geschieht mitunter so kompromisslos, dass es auch zu Abstürzen eines der Rivalen kommen kann, mit der Folge schwerer Verletzungen oder sogar dem Tod.

Des einen Leid, des anderen „Blädern"

Das anstrengende Brunftgeschehen raubt den Böcken auch viel Kraft. Gibt es nicht genug ältere und vitale Böcke in der Population, treten in der Brunft jüngere, konditionell noch nicht voll ausgereifte Männchen an ihre Stelle – und verausgaben sich dann stark. In Einzelfällen so sehr, dass sie ihre amourösen Ambitionen im weiteren Verlauf des Winters noch mit dem Tod bezahlen müssen.

Diejenigen durchsetzungsfähigen Böcke, denen am Ende die Liebesfreuden winken, nähern sich paarungswilligen Weibchen mit geöffnetem Maul und lassen dabei das typische „Blädern" hören: ein dem Meckern weiblicher Tiere ähnlicher, aber wesentlich lauterer Ton. Ist die Brunftzeit vorüber, erlischt das Interesse der Böcke an den Weibchen – Parallelen zum Menschen sind rein zufällig – und sie ziehen sich wieder in ihr Einsiedlerleben zurück.

Einzigartigkeit ist nicht immer bequem

Alles in allem ist das Leben der Gämsen im Alpenraum hart und nichts für Weicheier. Die Tiere führen es jedoch in einem Lebensraum, der an überwältigender Schönheit und Einzigartigkeit kaum zu überbieten ist – vielleicht haben sie ja einen Sinn dafür und wissen das zu schätzen. Von einem hohen Grat ein schier unendliches Hochgebirgspanorama genießen zu können, ist ihren komfortabler lebenden Artgenossen im Schwarzwald, in der Sächsischen Schweiz oder im Naturpark Obere Donau jedenfalls nicht vergönnt.

MUFFLONS – BUNTE SCHAFE VON ZWEI URLAUBSINSELN

ES WAR EINE WEITE REISE MIT UMWEGEN, bevor sie in unsere heimischen Wildbahnen einzogen. Einig sind sich die Experten, dass das Muffelwild oder die Mufflons auf dem mitteleuropäischen Festland ausnahmslos von Sardinien und Korsika zu uns gelangten. Unbestritten ist wohl auch Kleinasien als ihre ursprüngliche Heimat und die Tatsache, dass sie steinzeitliche Zweibeiner auf dem Weg von dort nach Westen begleiteten.

Wie sie letztlich auf die genannten tyrrhenischen Inseln gelangten, ist dagegen nicht mehr ganz so klar: Die einen vermuten, dass die Reise über Nordafrika führte, und sehen sich durch Felsgravuren in den Gebirgen der damals fruchtbaren Sahara bestätigt. Andere gehen davon aus, dass die

Muffelwidder mit deutlich erkennbarem Sattelfleck

Menschen der Jungsteinzeit, von Osten kommend, entlang der Nordküste in den Mittelmeerraum einwanderten und dabei die Wildschafe auch nach Sardinien und Korsika brachten. Die Tiere, die in den stärker bewaldeten, küstennahen Gebieten der Levante vorkamen, wurden jedenfalls vermutlich schon in prähistorischer Zeit ausgerottet.

Rückkehr in drei Schüben

So oder so existierten die Mufflons, wie wir sie kennen, irgendwann nur noch auf Sardinien und Korsika, ein weiteres Refugium lag im östlichen Mittelmeer auf Zypern. Von den erstgenannten Inseln gelangten sie durch den Menschen zurück auf das europäische Festland. Erstmals brachten es die Römer dorthin, vor allem aber wurden die Schafe ab dem Beginn des 20. Jahrhunderts in drei großen Einbürgerungswellen vom Menschen auf das Festland gebracht. Die erste Welle rollte zwischen der Jahrhundertwende und dem Ersten Weltkrieg, die zweite zwischen den beiden verheerenden Weltkriegen. Die Mufflonvorkommen Deutschlands haben im Wesentlichen ihren Ursprung in diesen beiden Phasen. Eine dritte Einbürgerungsphase ab den 1950er-Jahren fand vor allem auf dem Festland Südosteuropas statt, doch wurden dabei auch in Deutschland, z. B. im Ostharz, einzelne Vorkommen ergänzt.

Nun, den Mufflons wird es egal sein, wann und durch wen sie nach Mitteleuropa gelangten, solange sie sich wohlfühlen. Und das scheinen sie in Deutschland vielerorts zu tun, denn in manchen Vorkommen sind die Durchschnittsgewichte höher als in den Populationen der Ahnen auf Korsika und Sardinien. Schwer zu werden und Reserven aufzubauen, ist im Tierreich einfach ein Fitnessmerkmal – tagtäglich zu joggen, zu powerwalken oder anderweitig das Körpergewicht zu reduzieren, ist dort unbekannt.

Verwandte in aller Welt

Der Verbreitungsschwerpunkt der Wildschafe liegt in den neuen Bundesländern, doch auch in den alten Bundesländern existieren kleinräumig Vorkommen. Die Wildart gilt als ausgeprägt „heimatverbunden", also standorttreu, sodass sie sich nur langsam ausbreitet.

Auch außerhalb Europas sind Wildschafe mit zahlreichen verwandten Arten vertreten, vor allem in Asien und in Nordamerika. Einige davon sind deutlich mächtigere Erscheinungen als unsere Mufflons, so zum Beispiel die Dall-Schafe, Dickhornschafe und Schneeschafe, die alle in Nordamerika beheimatet sind. Sie erreichen etwa das doppelte Gewicht des europäischen Mufflons, das mit seinen rund 30 bis 55 Kilogramm das weltweit kleinste Wildschaf darstellt. Den Vogel schießen die Argali- oder Riesenwildschafarten in Teilen Asiens ab: Mit über 200 Kilogramm werden sie mehr als viermal so schwer.

Mit Schabracke, Maske und „Brille"

Eine meiner ersten Beobachtungen in freier Wildbahn hatte ich vor vielen Jahren an einem Dezemberwochenende im Rheingau. Ein Freund lud kurzfristig ein paar ehemalige Studienkolleginnen und -kollegen zu einer „konzertierten Jagdaktion" ein, da er mit der Erfüllung des Abschuss-Solls für Rot- und Rehwild in seinem Revier hinterherhinkte. Wir sollten in verschiedenen Teilen des Reviers ansitzen und sehen, was sich machen ließ. Ich hatte Zeit und sagte sofort zu, nicht zuletzt, weil es eine Gelegenheit war, Freunde nach längerer Zeit wiederzusehen. Den Morgen des letzten Tages werde ich nicht vergessen:

Wie immer sind wir beim Morgenansitz schon im Dunkeln losmarschiert, und ich habe meinen Platz auf einem Hochsitz in einem älteren Buchenbestand eingenommen. Im ersten Dämmern huschen zwei Rehe vor mir durch den Wald, zu weit und zu schnell, um sie überhaupt näher bestimmen zu können. Danach herrscht in Sachen Wild Tabula rasa. Seit geraumer Zeit ist es jetzt hell, ich bin ein wenig frustriert und nach zweieinhalb Stunden Taten- und Regungslosigkeit überdies ziemlich durchgefroren und ich freue mich auf einen dampfenden Kaffee und ein kräftiges Frühstück. In einer halben Stunde werden wir alle unsere Hochsitze verlassen und uns wieder zusammenfinden.

Plötzlich nehme ich eine Bewegung im Augenwinkel wahr, mein Kopf fährt herum. Da stehen wie hingezaubert zwei Muffelwidder nur etwa 50 Meter entfernt neben der Kanzel. Der eine ist, dem Äußeren nach zu urteilen, recht alt, der andere etwas jünger. Was sind das für prächtige Tiere! Ihr asiatischen Argalis und amerikanischen Dickhornschafe mögt groß und schwer sein, aber Masse allein ist ja nicht Klasse. Optisch wissen unsere europäischen Mufflonwidder durchaus zu punkten. Das führen die beiden Burschen mir eindrücklich vor Augen.

Im Winter kommen Mufflons viel bunter daher als ihre anderen Wildschafverwandten. Auf dem Rücken und an den Seiten ist ihr Winterfell dunkel kastanienbraun, die Innenseiten der Beine und die Kehrseite sind weiß. Letzteres Merkmal hat ihnen bei manchen Menschen den zwar rüden, aber doch liebevoll gemeinten Spitznamen „Weißarsch" eingetragen. Markant ist zudem der kontrastierende milchig weiße Fleck, der sich von der Mitte einer Körperseite über den Rücken auf die andere Seite zieht: Sattelfleck oder auch Schabracke wird er genannt. Ihren Hals ziert außerdem eine kräftige Mähne aus längeren Haaren. Sattelfleck und Mähne sind im Winter deutlich auffälliger als im helleren rötlich braunen Sommerfell. Und nicht zuletzt prahlen auch die Widder unserer Wildbahnen mit kräftigen, spiralförmigen Hörnern. Diese sogenannten Schnecken können eine Länge von 80 bis 90 Zentimetern erreichen. Sie entwickeln sich über sechs bis acht Jahre, legen aber während der Fortpflanzungszeit eine Wachstumspause ein. Dadurch bilden sich auch an ihnen Jahresringe aus. Mitunter kommt es allerdings vor, dass dieser Kopfschmuck nicht „ordnungsgemäß" wächst und die spitzen Enden Kurs auf den Nacken des Tiers nehmen. „Einwachser" werden solche Widder in Fachkreisen genannt. Dies kann zu ernsten Problemen für die Tiere führen, mitunter zu ihrem Tod.

Die Damen geben sich optisch etwas bescheidener. Sie besitzen gar keine Hörner oder allenfalls kurze Stümpfe und kleiden sich im Winter in ein einheitlich fahles Grau. Der äußerliche Unterschied zwischen den Geschlechtern, wissenschaftlich Sexualdimorphismus genannt, fällt beim Muffelwild auch im Hinblick auf die Größe deutlich aus. Schafe, also weibliche Tiere, begnügen sich mit den genannten gut 30 Kilogramm Gewicht, während die Widder um rund 50 Prozent schwerer werden.

Beiden Geschlechtern gemeinsam ist die partielle Weißfärbung des Gesichts, die sogenannte Maske. Sie sieht von Tier zu Tier etwas unterschiedlich aus. Auch dieses Merkmal ist wiederum bei Widdern und im Winter ausgeprägter. Gekrönt wird das Gesicht durch eine „Brille", eine auffällige weißlich graue Umrandung der Augen.

Manchmal ist Schaf gleich Schaf

Unklar ist, ob das Mufflon der Vorfahr des Hausschafs oder ein verwilderter Nachkomme sehr ursprünglicher Hausschafe ist. Dass Haus- und Wildform offenbar auch ihrem Geruch nach sehr nahe beieinanderliegen, lehrte mich ein Erlebnis während einer Novemberjagd in Thüringen. Ich blende zurück.

Muffelschaf

Lamm

Der Jagdverantwortliche hat schon bei der Begrüßung mit anschließender Sicherheitsbelehrung darauf hingewiesen, dass am heutigen Tag auch mit Muffelwild zu rechnen sei. Auf dem Weg zu meinem Stand fallen mir im Schnee dann auch die schmal und lang wirkenden Fußabdrücke dieser Wildtiere auf. Sie ähneln stark den Abdrücken der Hausschafe. Wie vereinbart, lassen die Hundeführer, darunter auch ich, um zehn Uhr ihre vierläufigen Helfer von der Leine und schicken sie zur Suche.

Mein Rüde Eiko startet wie gewohnt sofort durch und findet auch bald darauf Wild, wie mir sein jubelnder Jagdlaut verrät. Sein raues Bellen entfernt sich allerdings, das heißt, für mich selbst wird dabei wohl nichts herauskommen. Tja, in welche Richtung die Reise geht, bestimmt nun mal das Wild … Ich stelle mich darauf ein, den Hund in absehbarer Zeit nicht wiederzusehen. Es gibt sehr viel Wild hier und Eiko ist extrem passioniert.

Trotz aller Liebe – auf den Chef kann er in einem solchen Wild-Eldorado gut mal etwas länger verzichten … Aber so verpasst er, was ich eine halbe Stunde später erlebe.

Das Buchen-Stangenholz links von mir wird plötzlich lebendig und ein Rudel aus 20, 25 Muffelschafen, -lämmern und ein paar jüngeren Widdern quillt förmlich heraus. In hoher Flucht sprinten die Tiere auf mich zu, stoppen dann abrupt, wenden sich in eine andere Richtung, wenden sich nach einem Zwischenspurt erneut und flitzen in 40 Metern Entfernung an mir vorbei. Dann verschwinden sie in einer Fichtendickung rechts von mir. „Beute machen" war aussichtslos. Als die Mufflons in voller Fahrt waren, konnte ich keinen vertretbaren, guten Schuss abgeben. Als sie zweimal stoppten, standen sie alle vor- oder hintereinander und bildeten ein einziges verschachteltes Knäuel. Das Risiko, außer dem anvisierten Tier weitere, versetzt dahinterstehende, schwer zu verletzen, war zu groß. Bleibt mir nur, etwas dümmlich auf die Stelle zu starren, an der die ganze Mannschaft in den Fichten verschwand …

Fünf Minuten später erscheint aus einer anderen Richtung Eiko wieder auf der Bildfläche. Er hält Kurs auf mich und wird dabei zwangsläufig die frischen Fährten der Mufflons kreuzen. Ich bin gespannt – es wird seine erste Begegnung mit dem Odeur dieser Wildart sein.

Eiko kreuzt die Fährten auch, nimmt kurz die Nase herunter und … hebt den Kopf wieder, um ganz entspannt zu mir zu kommen! Ich bin perplex: Der Hund hat ein ausgesprochen feines Näschen, vermag die flüchtige Spur eines einzigen Hasen noch nach Minuten über 1 000 Meter weit auszuarbeiten. Und hier haben kürzlich immerhin mindestens 20 Mufflons ihre duftenden Fährten hinterlassen!

Fünf Minuten später ist das vereinbarte Ende der Jagd gekommen, und jetzt will ich es doch wissen: Ich laufe mit Eiko an den Punkt, an dem das Muffelwild in den Fichten verschwand. Deutlich sind dort die Tritte der Wildschafe zu erkennen und ich kann den Hund punktgenau ansetzen. Für eine Hundenase, und vor allem Eikos Nase, müssen die Fährten immer noch „kochend heiß" sein. Mein Hund wedelt etwas mit der Rute, schlendert in die Fichten hinein, sichtlich desinteressiert, als wolle er nur mir einen Gefallen tun, und taucht 15 Sekunden später ebenso gelangweilt wieder auf. Ich verstehe die Welt nicht mehr!

Ein Freund gibt später den vermutlich entscheidenden Tipp. Eiko hat längst gelernt und begriffen, dass Hausvieh wie Kühe, Pferde und eben Schafe tabu sind und er sie nicht scheuchen darf. Die Mufflons waren mit ihrem Geruch für ihn einfach nur „irgendwelche Schafe"!

Schafrudel, Widderclans und Einzelgänger

Typisch für die Wildart war an jenem Tag auch das Auftauchen des Muffel-wildes im Rudel. Wie Rotwild und Gämsen lebt auch diese Wildart sozial organisiert. Und das auch weitgehend nach Geschlechtern getrennt. Die weiblichen Tiere bilden Verbände aus miteinander verwandten Mutter-schafen mit ihren Lämmern, Schafen ohne Lämmer, einjährigen – soge-nannten Schmalschafen und Jährlingswiddern – sowie jüngeren Widdern. „Präsidentin" solcher Rudel ist das älteste Schaf, nach dessen Tod rückt die älteste Tochter nach. Anders als beim Rotwild kann auch ein Schaf, das selbst kein Lamm hat, Leitschaf sein. Die Größe solcher Rudel kann stark schwanken, weil immer wieder ältere Schafe mit ihrem Nachwuchs eigene Wege gehen.

Die noch nicht ausgewachsenen Widder verlassen die Familienverbände je nach ihrer Entwicklung mit ein bis zwei Jahren und bilden eigene Gangs: Sie schließen sich sogenannten Widderclans an, Rudeln aus anderen Jung-widdern. Und wie Rothirsch, Gamsbock und Keiler werden sie mit zuneh-mendem Alter immer mehr zu Einzelgängern und lassen sich kaum noch mit anderen Artgenossen ein: Sie ziehen allein oder mit einem jüngeren Begleiter umher.

Augentiere

Mit den Gämsen teilen Mufflons die Vorliebe für felsiges Gelände: Die Ursprungspopulation auf Sardinien und Korsika lebt in trockenen, zer-klüfteten Gebirgsketten mit lockerem Baum- und Strauchbewuchs und ausgedehnten Macchien. Wie die Gämsen sind auch Mufflons in solch schwierigem Gelände vor allem tagsüber aktiv, wenngleich man ihnen im Winter und Frühjahr auch mal nachts begegnen kann. Sie verlassen sich stärker auf ihre Augen als auf die Ohren und den Geruchssinn. In unseren

Waldlandschaften halten sie sich daher gern in älteren, lichten Baumbeständen auf, in denen sie relativ weit blicken können. Typisch für Mufflons ist auch, Geländeerhöhungen aufzusuchen und sich dort einen Überblick zu verschaffen.

Isegrim ist ihnen über

Hätte es bei jener Jagd im Thüringer Wald unwegsames Felsgelände gegeben, wären die Tiere sicher dorthin geflüchtet, um sich den Jagdhunden zu entziehen. Dieses Fluchtverhalten entspricht dem ihrer Ahnen auf den tyrrhenischen Inseln. Feinde können ihnen in ein solches Terrain meist nicht folgen.

Für die Muffelwildvorkommen in Norden und Osten Deutschlands ist es der Wolf, der zum ernst zu nehmenden Hauptfeind geworden ist – nach Schätzungen war er im Jahr 2019 wieder mit knapp über 100 Rudeln in Deutschland vertreten. Geringere Bedeutung haben da der Luchs und der Fuchs, die sich gelegentlich wohl auch mal ein schwaches Lamm einverleiben. Im Mittelmeerraum schlägt auch der Adler die Wildschafe.

Das Problem der Mufflons: Den Wolf kannten ihre Vorfahren in den Ausgangspopulationen nicht, denn auf Sardinien und Korsika gibt es ihn nicht, und die Nachfahren haben in unseren Wildbahnen noch nicht gelernt, wie mit dem Fressfeind umzugehen ist. Das typische Fluchtverhalten, bestehend aus kurzen Sprints, unterbrochen von Stopps zur Orientierung, mag sich in den Felszonen der Herkunftsinseln bewährt haben, in den Wäldern Deutschlands und gegenüber dem „Grauhund" ist es wenig tauglich. Einige Muffelvorkommen sind in den deutschen Wolfsgebieten bereits erloschen, andernorts kam es trotz der Standorttreue dieser Wildschafe zur Abwanderung ganzer Populationen.

Die rauen Gesetze der Natur verlangen ihren Tribut, und der Wolf hat unter den Menschen eine weit größere Lobby als das Muffelwild: Seine Populationen sind aktuell in rasantem Aufwind und nicht vom Verschwinden bedroht, während bei den weniger spektakulären Wildschafen genau das Gegenteil der Fall ist.

Zur Flucht geschaffen

Die Evolution hat Wildschafe während ihrer Entstehungsgeschichte zu klassischen Beutetieren geformt. Die Pupillen ihrer Augäpfel sind nicht rund, sondern quer oval. Solche Pupillen fokussieren das Licht nicht in einem Punkt, sondern in einer Linie mit Weitwinkeleffekt. Das verleiht den Tieren ein ausgezeichnetes peripheres Sehvermögen, ihre Stärke ist der Blick aus dem Augenwinkel. Auffallend ist die extreme Stellung der Augen seitlich am Kopf. Sie verschafft den Schafen ein großes Gesichtsfeld von etwa 300 Grad, also fast Rundumsicht, und lässt sie Feinde aus fast allen Richtungen frühzeitig wahrnehmen. Der Preis dafür ist ein nur eingeschränktes räumliches Sehvermögen. Räumliches Sehen setzt voraus, dass ein Objekt von beiden Augen gleichzeitig betrachtet wird. Die Sehfelder ihrer weit voneinander und seitlich ausgerichteten Augen überlappen sich bei Schafen nur in einem Bereich von etwa 60 Grad. Für das Überleben der Tiere ist es wichtiger, möglichst viel von ihrem Umfeld zu überblicken, als Dinge dreidimensional sehen zu können.

Die „Gegenspieler" unter den Säugetieren, die Beutegreifer, sind hingegen auf die Fähigkeit zu räumlichem Sehen angewiesen, um ihre Angriffe richtig timen zu können und beim finalen Sprung nicht an der falschen Stelle zu landen. Ihre Augen sind grundsätzlich eher nach vorn ausgerichtet. Das verschafft ihnen ein größeres 3-D-Sehfeld, uns ehemaligen Jägern (und Sammlern) beispielsweise eines von 150 Grad und Katzen eines von 130 Grad. Dafür entgehen den Beutegreifern eher die Dinge, die sich seitlich von ihnen abspielen.

Nasse Füße mit gravierenden Folgen

Neben der Verwundbarkeit für Isegrims Angriffe gibt es weitere Hinweise darauf, dass die Wildschafe von den Mittelmeerinseln in unseren Breiten nicht immer optimal aufgehoben sind. Ihre Wohlfühlzone ist der Süden Europas mit seinen Klimaverhältnissen, unsere Vorkommen stoßen mitunter an ihre Grenzen und haben gesundheitliche Probleme: Außer zahlreichen parasitären Krankheiten bekommen Mufflons, an trockenen, steinigen Boden gewöhnt, in manchen Regionen ernsthafte Probleme mit den Füßen. In Lebensräumen mit weichen und oft nassen Böden treten bei ihnen Schalen-, sprich Klauenerkrankungen wesentlich häufiger auf als bei anderen Schalenwildarten.

Eine davon ist ein krankhaftes Auswachsen der Klauen – „Schnabelschuhe" wird das Erscheinungsbild etwas verniedlichend auch genannt. Eine weitere trägt den Namen „Moderhinke". Schon der Name lässt Übles vermuten, und menschliche Senk-, Platt- oder Spreizfußprobleme nehmen sich dagegen geradezu als Bagatellen aus: Die Moderhinke ist eine massive Entzündung im Bereich der Klauen und zieht in der Regel deren starke Deformation oder sogar ihren vollständigen Verlust nach sich. Die von der Moderhinke betroffenen Tiere sterben oder leben mit ersatzweise gebildeten „Stummelklauen" nur stark eingeschränkt. Die Erkrankung ist auch von unseren Hausschafen bekannt.

Frostschäden der besonderen Art

Im deutschen Winterwald fühlen sich Mufflons auch nicht uneingeschränkt wohl. Wie sie mit der kalten Jahreszeit zurechtkommen, hängt stark von der Zahl der Schneetage und den Schneehöhen ab. Letztere sollten nach wissenschaftlichen Untersuchungen im Mittel nicht wesentlich über 30 Zentimeter liegen.

Einer der Gründe dafür klingt zunächst fast unglaublich. Die Widder sind von der Natur mit einem recht stattlichen Gemächt bedacht worden. Ihr großes Skrotum endet erst 30, 35 cm über dem Erdboden. Hohe Schneelagen können daher zu Erfrierungen am „Allerheiligsten" führen, und das mit tödlichen Folgen. Muffelwildexperten zufolge ist das in schneereichen Gebirgslagen mit Muffelvorkommen eine Hauptursache für Verluste unter den Widdern. „Wer lang hat, lässt lang hängen" mag vor 200 bis 300 Jahren für die Kleidung der Vermögenden gegolten haben, ist aber wohl nicht immer der richtige Weg.

Wolf hin, Winter her – ihren Hunger können Mufflons in unseren Breiten allemal stillen. Wie die Gämsen sind sie Vertreter der Ziegenartigen und in Sachen Nahrung ähnlich breit aufgestellt wie jene: Sie fressen Gräser, Kräuter, Laub, Knospen, Eicheln und andere Baumfrüchte, Rinde, Sträucher und mehr.

Brunftzeit – die Widder lassen es krachen

Von etwa Oktober bis in den Dezember hinein kämen die zuvor erwähnten „genitalen Frostschäden" für die Widder ziemlich ungelegen, denn jetzt sollten die gefährdeten Körperteile einsatzfähig sein: Die Schneckenträger wandeln auf Freiersfüßen und machen den Mutterfamilien ihre Aufwartung. Die älteren, kräftigsten Widder setzen sich durch und vertreiben energisch jüngere oder schwächere Geschlechtsgenossen.

Die Paarungsbereitschaft der Schafe kontrollieren sie wenig charmant durch regelmäßige Geruchsproben an deren Hinterteil. Dabei ziehen sie oft die Oberlippe hoch und stülpen sie um. Dieses sogenannte Flehmen verschließt die äußeren Nasenöffnungen und legt den Eingang eines anderen Geruchsorgans frei, des Jacobson-Organs. Es liegt beidseits der Nasenscheidewand und dient unter anderem der Aufnahme weiblicher Sexual-

— Combat —

duftstoffe. Dieses Flehmen lässt sich bei einigen Tieren, zum Beispiel auch bei Pferden, beobachten. Selbst Menschen haben ein Jacobson-Organ. Welche Funktion es bei ihnen erfüllt, ist allerdings umstritten. Dass Männer beim Werben um eine Frau ihre Chancen durch Hochziehen und Umklappen der Oberlippe steigern könnten, darf aber sicher bezweifelt werden …

Treffen während der Brunft gleich starke Muffelwidder aufeinander, kommt es zu langen Auseinandersetzungen mit einer Reihe festgelegter Rituale. Diese finden ihren Höhepunkt im Stirnkampf: Die Gegner stürmen aus fünf bis zehn Metern Entfernung aufeinander zu und donnern mit den Köpfen und Schnecken gegeneinander. In der Regel nimmt dabei keiner der beiden ernsthaft Schaden. Dass es nicht einmal zu einer Gehirnerschütterung kommt, mag man kaum glauben, hat man solch einen Kampf einmal beobachtet. Noch seltener als Verletzungen ist der fatale Fall, dass sich die Schnecken zweier Widder unauflösbar verkeilen und die Tiere in der Folge schließlich verenden. Eine anstrengende Angelegenheit ist die Brunft für die Widder in jedem Fall. An deren Ende können sie bis zu zehn Kilogramm Gewicht eingebüßt haben.

Das Ergebnis des leidenschaftlichen Treibens zeigt sich ein knappes halbes Jahr später. Eines, seltener zwei Lämmer bringen die Schafe im Frühjahr zu Welt. Und solange das auch in Deutschland so bleibt, werden die bunten Wildschafe unsre Wildbahn auch weiterhin bereichern. Zu wünschen ist jedenfalls, dass ihnen das in den für sie geeigneten Lebensräumen gelingt.

le chaudron

DAS WILDSCHWEIN –
EIN SIEGERTYP

GESTOCHEN SCHARF STEHT DIE FÄHRTE in der dünnen Schneedecke: leicht gespreizte Vorderschalen, dahinter, etwas nach außen versetzt, die Afterklauen. Kein Zweifel, hier ist ein Wildschwein entlanggegangen. Und was für eines! Länge und Breite der einzelnen Abdrücke und die Schrittweite lassen das Herz höher schlagen. Das war zu 99 Prozent kein weibliches Tier, sondern ein wirklich starker Keiler! Die Vermutung bestätigt sich einige Meter weiter. Dort finde ich schaumigen Speichel, den „Keilerschaum", abgestreift an einer kleinen Fichte. Sicheres Zeichen dafür, dass ein borstiger Herr auf Freiersfüßen wandelt, denn von November bis Januar ist „Rauschzeit", sprich Paarungszeit der Wildschweine.

Mit Schaum und Rindenkerben

Die älteren Keiler, die sich in der übrigen Zeit des Jahres getrennt von den Artgenossen halten, lockt jetzt die Lust. Sie ziehen zu den Rotten aus weiblichen Tieren, um sich der Liebe zu widmen. Das tun sie aber nicht, weil ihnen gerade nichts Besseres einfällt. Den Startschuss für das jährliche Hochzeiten geben bei allen Wildarten die Weibchen. Werden sie paarungsbereit, verströmen sie einen Duft, dem kein Galan widerstehen kann.

Einmal in Fahrt, markieren die Keiler mit ihrem Speichel des Öfteren Pflanzen, um den Bachen und Rivalen unzweideutig zu signalisieren: „Ich bin hier!" Dem gleichen Zweck dienen Kerben an Bäumen. Die Kraftpakete schlagen sie mit ihren Hauern hinein. Allerdings nicht in irgendwelche Bäume, sondern vorzugsweise in die sogenannten Malbäume. Das sind Bäume, an denen sich Keiler und Bachen, Jung und Alt das ganze Jahr hindurch immer wieder ausgiebig ihre Schwarte schubbern und reiben. Fichten oder Kiefern sind dabei Bäume ihrer Wahl, denn an deren rauer Borke lässt sich's besser kratzen als zum Beispiel an glatten Buchen.

Wildschwein-Wellness

Diese Malbäume stehen oft in der Nähe großer Schlammlöcher, der sogenannten Suhlen. Darin wälzen sich Wildschweine liebend gern, vor allem
bei Trockenheit. Ausgiebiges Suhlen und anschließendes Kratzen am Mal-
baum sind das Wellness-Paket für Schwarzkittel. Beides steigert ihr Wohl-
befinden und reinigt die Schwarte von Zecken und anderen lästigen Parasiten. Malbäume erkennt man oft schon von Weitem an dem feuchten oder
bereits getrockneten Schlamm am Fuß des Stammes. Daher auch der Name:
Sie werden von den Wildschweinen gewissermaßen „angemalt".

Mit ihrer Leidenschaft für Schlammpackungen sind die wilden Verwandten unserer rosigen Hausschweine übrigens nicht allein. Auch das
Rotwild verabreicht sich solche Behandlungen liebend gern. Tatsächlich
sind Möglichkeiten zum Suhlen für Schwarz- und Rotwild unverzichtbare
Qualitätsmerkmale ihres Lebensraums.

Hinaus bei Nacht

Keilerschaum und Kerben hin oder her: Die Zeichen des einen Keilers
jucken andere, starke Geschlechtsgenossen wenig, wenn es darum geht, die
eigenen Gene weiterzugeben. Davon werde ich wenige Nächte später Zeu-
ge, als ich in der Nähe der Keilerfährte auf einen Hochsitz an einer kleinen
Blöße im Wald steige. Nachdem ich hier im Winter schon öfter Schwarzwild beobachten konnte, rechne ich mir gute Chancen aus, den „gefährte-
ten" Keiler zu Gesicht zu bekommen.

Auf und um die Lichtung ist zurzeit eine ganze Rotte Sauen unterwegs,
wie mir der Schnee verraten hat. Das liegt vermutlich an den alten Eichen
im Waldbestand, aus denen vor einigen Wochen tonnenweise Eicheln
auf den Erdboden plumpsten. Für Eicheln lassen Wildschweine alles stehen und liegen, und sie halten jetzt vermutlich noch Nachlese. Davon zeu-
gen viele aufgewühlte Stellen im Boden – „Gebräch" nennt der Jäger solche
Plätze. Im Gegensatz zum „Gebrech", dem Gebiss der Wildschweine. Und
glücklicherweise steht auch mitten in der Blöße eine mächtige, tief beastete
Alteiche, die sicher einiges zum Eichelsegen beigetragen hat. Unter ihr
ist kaum ein Quadratzentimeter, den die Sauen nicht schon auf links ge-
dreht haben. ·

Lust macht ungenießbar

In dieser Rotte müsste doch vielleicht ein Weibchen „rauschig", also paarungsbereit, sein und den Keiler, der da seine Fährte im Schnee hinterließ, reizen. Erlegen möchte man ihn sicher nicht: Erstens sind ältere Wildschweine grundsätzlich nichts für die Pfanne, sondern höchstens für die Wurst, und zweitens sind Keiler in der Rauschzeit weder für das eine noch für das andere gut. Sie stinken förmlich zum Himmel und ihr Fleisch ist vollkommen ungenießbar. So sehr, dass der Verkauf oder die Weitergabe an Dritte ohnehin verboten ist. „Ausgeprägter Geschlechtsgeruch", so formuliert es das Gesetz, ist ein „bedenkliches Merkmal", sodass das Wildbret von Wildtieren, wenn sie solch ein Odeur verströmen, vor dem Verzehr erst einmal zur amtlichen Fleischbeschau müsste. Bei Keilern in der Rauschzeit senkt der Amtsveterinär regelmäßig den Daumen.

Wildschwein im Sommer

Hochleistungsriecher

Der Schnee wird von einem fast vollen Mond beschienen und die Szenerie ist so hell, dass ich auf 50 Meter eine Maus laufen sehen könnte. Das sind nicht gerade beste Voraussetzungen für Schwarzwildanblick auf der kleinen Freifläche vor mir. Die cleveren Borstentiere schätzen keine Flutlichtspiele. Ich brauche also eine gehörige Portion Glück.

Der leichte Wind zumindest weht mir stetig und optimal ins Gesicht, sonst könnte ich gleich wieder nach Hause gehen: Der Geruchssinn von Wildschweinen ist exzellent, vermutlich besser als der unserer Hunde. Nicht von ungefähr werden Hausschweine in Italien und Südfrankreich zur Suche nach Trüffeln eingesetzt. Diese Pilzdelikatesse wächst immerhin bis zu etwa 20 Zentimetern unter der Erde. In puncto Trüffeln hängt das vermutlich aber auch mit der unterschiedlichen Motivationslage bei Schweinen und Hunden zusammen. Erstere lieben Trüffel, Letztere dann doch eher ein saftiges Steak …

Jede Menge Sauen …

Zwei Stunden vor Mitternacht höre ich rechts vor mir, weit weg, ein leises Raschelrauschen, das langsam lauter wird, während es sich der Blöße nähert. Habe ich das notwendige Glück? Noch ist allerdings nichts zu sehen, und ich bin alles andere als sicher, was da im Wald herumgeistert. Wie oft schon habe ich das Herannahen von Sauen vermutet, war bis in die Haarspitzen elektrisiert, um dann etwas enttäuscht festzustellen, dass ich … einem Igel aufgesessen bin! Kein Scherz: Die Stachelritter können in trockenem Laub einen Höllenlärm veranstalten! Jetzt, im Winter, ist ein Igel allerdings doch unwahrscheinlich.

Ich habe das Glück! Ein lautes Quieken zerreißt die nächtliche Stille und lässt keinen Zweifel daran: Dieser Igel hat dann doch eher Borsten als Stacheln. Da war wohl ein Frischling zu vorwitzig und ist von einer Bache, einem mehrjährigen Weibchen, in die Schranken gewiesen worden. Bald darauf kann ich sporadisch leise helle und dunkle Grunzlaute hören. Diese werden immer lauter und müssen jetzt eigentlich ganz nahe sein. Sie kommen aus der einzigen Richtung, in der ich nicht in den Wald hineinschauen kann: Ein dichter Heckenabschnitt am Blößenrand versperrt den Blick, das lichtstarke Fernglas nützt da nichts. Kann ja auch gar nicht anders sein – sie sind einfach wirklich smart, diese Schwarzkittel!

Jetzt ist es plötzlich mucksmäuschenstill, und mir ist klar – ganz so dumm bin ich ja auch nicht –, dass die ganze Bagage wie angefroren am Rand der Blöße steht und erst einmal ausgiebig mit allen Sinnen einen Sicherheitscheck vornimmt, bevor sie auf die deckungslose Freifläche wechselt.

Ich wage kaum zu atmen. Ein Fehler, und ich werde nur noch ein hingeworfenes „Pfff" hören, das warnende sogenannte Blasen der Rottenchefin, bevor sich der ganze Verein blitzartig wieder in den Wald verabschiedet.

Dann ist es so weit: Ein großer, dunkler Klumpen schiebt sich auf die Blöße, und nach ihm viele weitere kleine und größere. Das sind sicher 25 Stück. Anhand der Größe kann ich drei Bachen und acht einjährige Tiere, sogenannte Überläufer, ausmachen. Das Gewimmel aus Frischlingen exakt durchzuzählen, ist unmöglich: Alles drängt sich um die dicke Eiche, läuft mal nach rechts, mal nach links, spielt „Bäumchen, wechsle dich".

Keilerei

Das geht so eine Viertelstunde, als plötzlich die größte Sau, vermutlich die Leitbache, den Kopf hebt und erstarrt. Sofort tun es ihr die anderen gleich. Totenstille. Und dann stockt mir der Atem: Er ist da. Wie hingezaubert steht plötzlich ein einzelnes gewaltiges Wildschwein am Rand der Lichtung. An Größe übertrifft es alle anderen: ein mächtiger Keiler. Der größte Teil seiner beeindruckenden Masse liegt im vorderen Bereich des Körpers und ruht auf den kurz wirkenden Vorderläufen. Die langen Borsten auf der Rückenlinie lassen den Urian bucklig wirken. Der dürfte über 100 Kilogramm Gewicht haben.

Langsam zieht der Brocken auf die Rotte zu und beschnüffelt die Leitbache. Aha, ihr gilt sein Interesse. Die Bache entfernt sich einige Meter, der Keiler folgt gemächlich, geradezu würdevoll, aber zielstrebig.

Plötzlich erstarrt die ganze Mannschaft, den Keiler eingeschlossen, erneut, und auf der anderen Seite der Blöße erscheint ein weiteres einzelnes Wildschwein von gewaltigen Ausmaßen. Auch das kann nur ein Keiler sein. Durch das Fernglas kann ich im Mondlicht sogar seine „Gewehre", die Furcht einflößenden Hauer im Unterkiefer, aufblitzen sehen.

„Keilerei"

Sekundenlanger Stillstand, dann ziehen die beiden Neuankömmlinge steifbeinig aufeinander zu. Ihre Rückenborsten sind aufgestellt und lassen sie noch größer erscheinen, als sie ohnehin schon sind. Sie scharren mit den Hinterläufen und lassen deutliche Drohlaute hören, das „Wetzen". Ihre Unterkiefer bewegen sich rasch seitlich hin und her, die oberen Eckzähne und die Hauer schleifen dabei aneinander. Erkennen kann ich es nicht, aber ich weiß, dass beiden jetzt auch Schaum vor dem Mund steht.

Beide Tiere wirken etwa gleich stark, und es sieht nicht so aus, als wäre einer der beiden vom Imponiergehabe des Gegners so beeindruckt, dass er klein beigeben würde. Die Bachen mit Überläufern und Frischlingen haben wohl geahnt, was jetzt folgt, und bereits diskret die Arena verlassen. Dann geht alles sehr schnell und die Keilerei der Keiler beginnt! Beide versuchen, neben den Widersacher zu gelangen, um dann zur Seite harte, von unten nach oben gerichtete Hiebe mit dem Kopf auszuteilen. Sie wollen dem Gegner mit ihren Hauern Hiebe verpassen. Gelingt so ein Schlag, kann er blutige Wunden zufügen, denn die Hauer sind rasiermesserscharf. Der ein oder andere Jäger musste diese Erfahrung schon machen, wenn er auf der

Nachsuche eines verletzten Keilers angegriffen wurde. Durch eine derbe Lederhose und leider auch durch Muskelfleisch gehen diese langen Eckzähne wie durch Butter.

Ältere Keiler sind teilweise etwas geschützt: Auf den Schulterblättern und an den Seiten verfügen sie über den sogenannten Schild oder Panzer, eine Hautverdickung durch Bindegewebsfasern. Verstärkt wird dieser Schutz noch durch eine harte Kruste aus Schlamm und Baumharz im Fell, die durch das Malen an harzenden Nadelbäumen entsteht.

Der Schwächere gibt nach

Der Kampf vor mir wird heftig geführt und von einer Geräuschkulisse aus grollendem Grunzen, zornigen und immer einmal wieder auch schmerzerfüllten Schreien begleitet. Ich habe nicht die geringste Ahnung, welcher der beiden Rivalen wohl der stärkere ist– ich wollte mit keinem von beiden einen Zwist austragen müssen. Für die Keiler ist die Situation eindeutiger, denn mit einem Mal geht der zuletzt Hinzugekommene auf Abstand zu seinem Gegner, dreht sich mit einem letzten zornigen Grollen um und trollt sich in den Wald. Der Überlegene setzt ihm nach und landet auch noch den einen oder anderen Treffer, wie einzelne Schreie aus dem Dunkel des Waldes vermuten lassen.

Dann ist die Bühne leer und alles wieder winterlich still … Erst jetzt bemerke ich, dass meine Beine ein wenig zittern. Was für ein Schauspiel, was für ein Glück, es erlebt zu haben!

Ich warte noch eineinhalb Stunden in der Hoffnung, die Rotte und mit ihr den siegreichen Keiler noch einmal zu Gesicht zu bekommen. Aber vergebens. Die Hochzeit scheint an einem anderen Ort stattzufinden.

Das Wildschwein-Matriarchat

Bemerkenswert an diesem Erlebnis war auch die Gelegenheit, die Rotte weiblicher Tiere und ihr Verhalten beobachten zu können. Keine andere unserer Wildarten, ausgenommen vielleicht das Rotwild, ist so ausgeprägt sozial organisiert wie die weiblichen Wildschweine. Sie leben in sogenannten Rotten zusammen. Diese Rotten sind vergleichbar mit einer Großfamilie, die aus dem weiblichen Führungstier, der Leitbache, und ihren Töchtern und Enkelinnen bestehen. Das ist die „Reinform", von der es auch Abweichungen gibt. So bleiben nicht immer alle weiblichen Nachkommen beieinander. Manche verlassen mit ihrem Nachwuchs die Rotte und gründen eine eigene. Umgekehrt kann es auch vorkommen, dass sich kleinere, einander fremde Verbände zu einer größeren Rotte zusammenschließen.

Organisiert sind diese Rotten als Matriarchat. Unangefochtene Chefin ist die Leitbache, das älteste und damit erfahrenste Tier. Sie bestimmt das Leben des Verbandes, seinen Tagesrhythmus, die Fraß- und die Ruheplätze und sie wacht über sein Wohl und Wehe. Dazu gehört zum Beispiel, potenziell gefährliche Orte als Erste zu prüfen, bevor der ganze Trupp sie betreten darf. Abgelöst wird die Führungsbache erst, wenn sie aus Altersgründen nicht mehr führen kann.

Keiler sind Eigenbrötler

Die männlichen Nachkommen müssen die Rotte im Alter von einem bis eineinhalb Jahren verlassen, sie werden von den weiblichen Tieren ohne viel Gefühlsduselei vertrieben. Meist schließen sich diese jungen Keilerchen dann für eine Weile zusammen und vagabundieren unstet durch die Gegend. Mit zunehmendem Alter werden sie zu Einzelgängern. Manche jedoch leisten sich einen jüngeren Begleiter. Dieser „Adjutant" ist aber nicht nur Gesellschafter, sondern muss im Zweifelsfall auch mal die Kastanien aus dem Feuer holen. So wird er beim Auswechseln vom schützenden Wald in deckungslose Felder vorgeschickt. Ist die Luft rein, lässt sich auch der Chef nicht mehr lange bitten. In der Rauschzeit jedoch suchen die Herren die Rotten weiblicher Tiere auf, wie heute Nacht geschehen.

Es werden immer mehr …

Erfreulich auch, dass die beobachtete Rotte offenbar noch ganz intakt war. Das ist heutzutage keine Selbstverständlichkeit mehr. Allzu groß ist die Notwendigkeit geworden, gegenzusteuern und der rasanten Vermehrung der Wildschweine Einhalt zu gebieten, um die allgegenwärtigen Schäden in der Feldflur einzudämmen. Neuartige Seuchen wie die Afrikanische Schweinepest, die vor den Toren Deutschlands steht, erhöhen diese Notwendigkeit noch mehr. So ist es kaum zu vermeiden, dass immer wieder auch Wildschweine erlegt werden müssen, die für die Aufrechterhaltung der Rottenstrukturen wichtig sind, und dass dann einzelne Sozialverbände auseinanderfallen.

Energiefutter satt

Der in ganz Europa zu verzeichnende Anstieg der Schwarzwildvorkommen hat seine Gründe. Einer davon ist ein immer reichhaltigeres Nahrungsangebot, das nicht zuletzt wohl auch eine Folge der Klimaerwärmung und hoher Stickstoffeinträge in den Wald ist. Die Früchte von Eiche und Buche stehen neben denen der eher seltenen Esskastanie ganz oben auf der Beliebtheitsskala der Wildschweine. Kein Wunder, denn für die Schwarzkittel sind sie regelrechte Powerbars, energiereich wie wenig anderes. In früheren Zeiten traten besonders reichhaltige Fruchten von Buchen nur

Solange Frischlinge gestreift sind, brauchen sie die Milch der Mutter.

alle drei bis sieben Jahre auf, bei Eichen kamen sie sogar nur etwa alle zehn Jahre vor. In jüngerer Vergangenheit gibt es solche sogenannten Vollmasten deutlich häufiger, mitunter im Zweijahresabstand – Nahrung in Hülle und Fülle. Hinzu kommt eine Intensivierung des Maisanbaus in der Landwirtschaft, was den Borstentieren ebenfalls sehr gelegen kommt, denn auch die gelben Körner dieses Getreides, scherzhaft auch „Schweinegold" genannt, munden ihnen ausgezeichnet. Zudem bieten die zum Teil ausgedehnten Maisfelder hervorragende Deckung, sodass sie oft sogar tagsüber nicht verlassen werden.

Ihre Zahl ist Legion

Diese idealen Bedingungen quittieren die Wildschweine seit Jahren mit einer enormen Steigerung ihrer ohnehin beeindruckenden Vermehrungsfreudigkeit: Viele Frischlingsweibchen entwickeln sich körperlich so schnell, dass sie immer früher geschlechtsreif werden und sich bereits mit knapp einem Jahr selbst fortpflanzen: Kinder gebären Kinder. Dies alles führt dazu, dass sich in optimalen Jahren die Anzahl der Wildschweine vervierfachen kann.

Vieles ist durcheinandergeraten. Während der Wildschweinnachwuchs in früheren Zeiten im März und April zur Welt kam, werden heute immer wieder Bachen auch zu anderen als den gewohnten Phasen rauschig, sodass man das ganze Jahr hindurch immer wieder auch einmal gestreifte Frischlinge zu sehen bekommt.

Am Wurfkessel kann's gefährlich werden

Kurz vor der Geburt ihrer Frischlinge sondern sich die Bachen für einige Tage von der übrigen Rotte ab und legen sogenannte Wurfkessel an: einfache Mulden am Erdboden, die mehr oder weniger sorgfältig mit Gras, Farn oder Laub ausgepolstert werden. Hier gebären sie ihre Frischlinge. Deren Zahl kann von zwei bis zehn oder mehr reichen. Bald darauf schließen sich die Bachen mit ihren Neugeborenen wieder der Rotte an.

Auf einen solchen eher ungewöhnlichen winterlichen Wurfkessel stieß ich einmal auf einem Streifzug mitten durch den verschneiten Wald. Besser gesagt, nahm ich zunächst die Bache wahr, die auf etwa 50 Meter in einer Buchenverjüngung vor mir aufsprang und, anstelle zu fliehen, eine unmissverständliche Abwehrhaltung einnahm. Ein kurzer Blick durch das Fernglas auf das gestreifte, dicht aneinandergedrängte Häuflein hinter der Bache ließ mich umgehend den Rückzug antreten.

Ich hatte Glück, der Angriff blieb aus. Solange die Frischlinge zu klein sind, um wirklich fliehen zu können, verteidigen die Bachen sie nämlich kompromisslos. Hauer wie ein Keiler haben sie zwar nicht, aber sie beißen zu, und das mit unglaublicher Kraft. Bachen, die ihre Frischlinge verteidigen, stehen in dem Ruf, noch unangenehmer zu werden als ein in Not geratener Keiler. Beides musste ich zum Glück noch nie selbst überprüfen.

Wind und Wetter

Den gestreiften Winzlingen konnte ich im Nachhinein nur Glück wünschen, denn auf sie kam keine leichte Zeit zu. So ziemlich das Einzige, was Wildschweinen in unseren Breiten gefährlich werden kann, ist das Wetter, besonders den Frischlingen in den ersten drei Monaten. Ihr Haarkleid ist noch wesentlich weicher und wolliger als das älterer Tiere und schützt nicht wirklich optimal vor Feuchtigkeit. Viele Frischlinge fallen daher sehr niederschlagsreichen, feuchten Frühjahren zum Opfer, umso mehr, wenn sie in einem nassschnee- oder regenreichen Winter zur Welt kommen. „Hohe Sterblichkeit" nennen das Wildbiologen dann nüchtern.

Haben sie diese Phase der Empfindlichkeit hinter sich, können den wilden Schweinen Kälte und Schnee kaum noch etwas anhaben: Unter ihrem schützenden Borstenkleid tragen sie im Winter dichtes, isolierendes Wollhaar, das sie mollig warm hält.

Feinde eher Fehlanzeige

Natürliche Feinde haben die wehrhaften Gesellen in unseren Breiten auch nur wenige, doch das könnte sich mit der Wiederausbreitung des Wolfes ändern. Er reißt gelegentlich jüngere und schwächere Tiere. Doch selbst Isegrim riskiert das nicht oft, wenn die Gefahr besteht, mit den entschlossenen Wildschweinmüttern aneinanderzugeraten. Einen schweren Keiler zu attackieren, fällt selbst einem jagenden Rudel nur ein, wenn es keine Alternative gibt, denn da sind schwere Wunden und unter Umständen Verluste zu erwarten. Da ist es deutlich risikoärmer, Rotwildkälber zu jagen oder einer Schafherde im Weidezaun einen Besuch abzustatten.

Ein ernst zu nehmender Gegner wäre der Braunbär, wenn es ihn denn bei uns gäbe. Eine eher untergeordnete Rolle als Fressfeinde spielen Fuchs, Luchs und Uhu. Und sie alle zusammen könnten die Wildschweine unter den heutigen Idealbedingungen vermutlich nur etwas eindämmen, aber kaum nachhaltig reduzieren.

Allesfresser par excellence

Neben dem hohen Vermehrungspotenzial und fehlenden Feinden ist das breite Nahrungsspektrum einer der Faktoren, der Wildschweine zu eindeutigen Gewinnern unserer Landschaften hat werden lassen. Nahrungsmangel ist für die buchstäblichen Allesfresser hierzulande kein Thema: Auf ihrem Speiseplan stehen nicht nur Eicheln, Bucheckern und Mais. Feldfrüchte wie zum Beispiel Kartoffeln, Weizen und Hafer fressen sie ebenso gerne wie frisches Fleisch oder sogar Aas. Sogar frisches Gras und besonders gerne auch Klee zählen zu ihrer Diät. Ist im Winter die Feldflur kahl und damit der Tisch nicht mehr ganz so reich gedeckt, verlegen sie sich stärker auf „Erdarbeiten". Sie wühlen mit ihren Rüsseln im Boden und finden dort Wurzeln, Pilze, Würmer und Insekten in allen möglichen Entwicklungsstadien. Stoßen sie dabei auf ein Mäusenest, wird auch das nicht verschmäht. Nur wenn im Winter der Boden über längere Zeit hart gefroren ist – heutzutage eher die Ausnahme –, müssen auch Wildschweine einmal Kohldampf schieben. Zur Not werden dann eben die Mülltonnen auf einem Autorastplatz umgedreht.

Das Leid der Landwirte

Ihr emsiges Wühlen beschränken die Schwarzkittel allerdings nicht auf den Wald, sondern dehnen es im Schutz der Dunkelheit auch auf Felder, Wiesen und Weiden aus. Auch im Winter hält dort das Erdreich den einen oder anderen Leckerbissen bereit. Bevorzugt wühlen sie allerdings im Frühjahr im Grünland – dann, wenn es dem Landwirt richtig wehtut, weil das Gras zu wachsen begonnen hat und er es bald erstmals mähen bzw. sein Vieh darauf lassen möchte. Wenn dann eine Rotte Wildschweine eine saftige Weide innerhalb weniger Nächte in einen schwarzen, holprigen Acker verwandelt, schwellen regelmäßig die Zornesadern. Von den Übeltätern fehlt am folgenden Morgen jede Spur, denn sie verabschieden sich in aller Regel lange vor Tagesanbruch in den Wald oder in unzugängliche Hecken.

Im Wald halten sie sich in der Regel ebenfalls in undurchdringlichen Dickungen oder Verjüngungsflächen auf, oft weit entfernt vom Ort ihres nächtlichen Treibens. Dort verbringen sie den größten Teil des Tages ruhend in einem gemeinschaftlichen Kessel, in dem alle Tiere mehr oder weniger dicht beieinanderliegen. Wird es abends dämmerig, gehen sie wieder „auf Rolle", um diesmal aber vielleicht einen anderen Landwirt auf die Palme zu bringen.

Erfolgsfaktor Cleverness

Last but not least ist die ausgeprägte Lernfähigkeit, um nicht zu sagen Intelligenz, der Wildschweine eine hervorstechende Eigenschaft, die ihnen das Leben und Überleben erleichtert. Sie vermögen angenehme und unangenehme Erlebnisse mit Orten zu verknüpfen, die sie dann lange Zeit bevorzugt oder eben nicht mehr aufsuchen. Gelingt es, bei Mondlicht einen Frischling oder Überläufer aus einer Rotte mit erfahrener Leitbache zu erlegen, ist der Ort des Abschusses erst mal gegen Schäden durch diese Rotte gefeit. Die Chefin – und mit ihr die Rotte – wird den Ort anschließend für längere Zeit meiden wie der Teufel das Weihwasser.

Nicht umsonst sind Wildschweine in den Randgebieten unserer Hauptstadt schon seit vielen Jahren eine feste Größe und zeigen sich dort auch tagsüber unbekümmert. Städte und Ortschaften sind sogenannte „befriedete Bezirke", in denen die Ausübung der Jagd verständlicherweise verboten ist. Dass sie in Berlin vor Nachstellungen sicher sind, haben die Schwarzkittel längst begriffen …

Nur gut, dass sie weiterhin auch in freier Wildbahn leben. Es gibt kaum einen beeindruckenderen Anblick in unserer „Kulturwildnis" als eine Rotte Sauen, die sich urig und kraftvoll ihren Weg durch den Schnee pflügt.

DER FUCHS – SCHARFE SINNE, SCHARFER VERSTAND

WIE AN EINER PERLENSCHNUR AUFGEREIHT stehen die Abdrücke des Fuchses im Schnee, die der rechten und linken Pfoten kaum voneinander zu unterscheiden. Nicht umsonst sagt man auch, der Fuchs „schnürt", wenn er trabt.

Reinekes Spur läuft auf dem Weg, dem ich selbst gerade folge. Gut 300 Meter verlässt sie den Waldfahrweg nicht, nähert sich nur zweimal der Böschung und wird dort unruhiger, bevor es schnurförmig weitergeht. Gelbe Flecken im Schnee verraten, dass der Fuchs an diesen Stellen markiert hat. Ein Rüde vermutlich. Einmal hat er auch den fuchstypischen, am Ende spitz ausgezogenen Kot abgesetzt, ebenso typisch erhöht auf einem größeren Stein. Auch das dient der Markierung. Irgendwann biegt die Spur dann ab in einen schmaleren Maschinenweg. Ja, Reineke hat es gern etwas bequemer, bewegt sich bei Schnee oft auf Wegen. Darauf läuft sich's leichter als im verschneiten Hang.

Auf Freiersfüßen durch Schnee und Eis

Aus diesem Maschinenweg kommt wieder eine andere Fuchsspur und folgt Weg eins, dann steht dort noch eine zweite. Es war viel los heute Nacht, denn je länger ich unterwegs bin, desto mehr Fuchsspuren sehe ich: An fast jeder Wegkreuzung kreuzen sich auch zwei, drei verschiedene, immer wieder Markierungen mit Urin und zweimal auch Kot, der sogenannten Losung.

Der Hochbetrieb ist ein deutliches Indiz: Die „Ranzzeit" oder Paarungszeit hat jetzt, Mitte Dezember, begonnen. Bis in den Februar hinein werden Reineke und Ermeline jetzt einander suchen und sich der Liebe widmen. Der bekannte Fabelname des Rüden geht übrigens auf das in niederdeutschen Versen geschriebene und auf Ende des 15. Jahrhunderts datierte Epos

„Reynke de vos" zurück. Niemand Geringerer als Johann Wolfgang von Goethe legte dieses Epos seinem viel bekannteren Werk „Reineke Fuchs" zugrunde und taufte die Fuchsgattin darin auf den Namen „Ermelyn". Auch vielen weiteren Tieren verlieh Goethe in diesem Werk märchenhafte Namen.

Um genau zu sein: Suchen werden in den kommenden Wochen vor allem die Rüden und sich dann bemühen, den anfänglichen Widerstand der auserwählten Fähe zu überwinden. Wie Hundedamen auch duften Fuchsfähen zwar längere Zeit verführerisch, sind aber nur zwei bis drei Tage empfängnis- und damit fortpflanzungsbereit.

Beim abendlichen Rehwildansitz bestätigt sich die Vermutung. Im letzten Dämmern ertönt das hell-heisere, drei- bis fünfsilbige Bellen eines suchenden Rüden: „Hau – hau – hau" und bald darauf wieder: „Hau – hau – hau – hau". Mit den Ohren kann ich den Rüden verfolgen. Er ist ziemlich zügig und rastlos unterwegs.

Zurück zu Hause kurz vor dem Einschlafen dann eine weitere Bestätigung durchs offene Schlafzimmerfenster: Auch durch die Gärten der Umgebung zieht ein liebestoller Fuchsrüde. Längst sind die Füchse ja schon in menschliche Siedlungen und die Randbereiche von Städten eingewandert und so auch in unser Wohnviertel. Oft genug habe ich den Beginn der Ranzzeit zuerst im heimischen Bett festgestellt, bevor ich dann das Ranzbellen auch in Feld oder Wald hörte.

Der Fuchs „schnürt".

Jungfuchsporträt

Liebe macht nicht taub

Drei Wochen später verbringe ich, dick eingepackt, eine halbe Nacht auf einem Hochsitz an einer großen Viehweide am Waldrand. Es geht wieder einmal um Wildschweine, die hier in der vorletzten Nacht ihr hungriges Unwesen getrieben und an einigen Stellen das ehemals unberührte Weiß der Weide in schwarze Flecken verwandelt haben. Es ist Halbmond, zusammen mit dem Schnee reicht das Licht zum Jagen.

Seit Einbruch der Dunkelheit bellen die Füchse, mindestens zwei verschiedene suchende Rüden habe ich ausmachen können. Um kurz nach acht fällt mein Blick auf einen kleinen, dunklen Fleck am Waldrand in gut 100 Metern Entfernung. Auch da waren die Schwarzkittel ... Doch dieser Fleck bewegt sich! Sofort wandert mein Fernglas an die Augen: Tatsächlich, ein Fuchs schnürt auf mich zu. Heimlich, die Nase am Boden, ab und zu sichernd, dann wieder suchend.

Wie immer bin ich fasziniert vom Anblick eines Fuchses. Kein anderes Wildtier unserer Breiten halte ich für so gewitzt wie den „Roten Freibeuter". Er weiß seine brillanten Sinne zu seinem Besten zu nutzen, und er lässt sich selten von irgendwem oder irgendetwas überlisten. Im Vergleich zu ihm kommen mir Rehe – sie mögen es mir verzeihen – fast schon „tölpelhaft" vor.

Wie clever die weitläufigen Verwandten unserer Hunde sind, muss ich auch jetzt wieder erfahren. Etwa 50 Meter vor mir hebt der Fuchs das Bein – aha, wie erwartet ein Rüde, denn er markiert – und schnürt gerade weiter, als ich mit einem metallenen Knopf am Jackenärmel ganz leicht gegen meine Edelstahl-Thermoskanne ticke. – Wer ist hier tölpelhaft?

Wie ein geölter Blitz ist der Fuchs weg. Kein Sicherheitscheck, kein Zögern, einfach weg … So schnell, dass ich kaum erkennen kann, in welche Richtung eigentlich. Dabei war das Geräusch denkbar leise, ein Mensch hätte es auf 15 Meter nicht gehört! Für die hyperfeinen Ohren des Fuchses kam es vermutlich aber einem Knall gleich, vor allem aber – es war metallisch! Der „Rote Freibeuter" weiß ganz genau, dass metallische Geräusche im Wald oder auf einer Wiese nichts verloren haben. Selbst erotische Ambitionen trüben da seine Sinne nicht. Beim Klang von Holz gegen Holz wäre er sicher in Habachtstellung gegangen und hätte vermutlich die Lage erst mal näher geprüft. Aber Metall? – No way!

Werbung mit Hindernissen

Sauen habe ich in jener Nacht nicht mehr zu Gesicht bekommen. Zwei Nächte später sitze ich am gleichen Ort und muss feststellen, dass sie die Nacht zuvor da waren und gewühlt haben. Klar, da habe ich ja auch geschlafen. Hol's der Teufel!

Es ist merklich heller als zwei Nächte zuvor, für das clevere Schwarzwild vielleicht zu hell, und wo es sich noch nicht ausgetobt hat, ist die Schneedecke weiterhin geschlossen. Gegen halb sieben sehe ich im Fernglas auf größere Entfernung drei Rehe über die Viehweide bummeln. Ab und zu bleiben sie stehen, kratzen mit einem Vorderlauf den Boden frei und äsen irgendetwas. Keine Ahnung, was es für sie da jetzt zu holen gibt. Vielleicht wirklich nichts, denn schon bald ziehen sie wieder in den Wald.

Plötzlich schnürt nicht weit von mir ein Fuchs aus dem Wald heraus. Trotz nicht gerade optimaler Lichtverhältnisse meine ich zu erkennen, dass er nicht ganz so kräftig ist wie der Rotrock vom letzten Mal. Dann sehe ich, dass es tatsächliche eine Fähe ist, die tendenziell etwas kleiner sind. Sie bleibt kurz stehen und knickt hinten ein. Sie nässt offenbar, auf gut Deutsch: Sie pinkelt. Dann geht es zügig weiter über die Weide.

Kurz darauf erscheint an fast gleicher Stelle am Waldrand ein zweiter Fuchs, und der ist, da bin ich sicher, deutlich größer. Rotrock Nr. 2 schnürt mit gesenktem Kopf exakt auf der Spur der Fähe, als würde seine Nase in einem Gleis laufen. Am temporären WC der Dame hält er an, untersucht es ganz besonders intensiv, um anschließend der Spur deutlich zügiger weiter zu folgen. Die Duftmarken und -botschaften des anderen Geschlechts spielen gerade in der Ranzzeit noch vor akustischen Verständigungslauten zwischen Fähe und Rüde eine entscheidende Rolle. Eine Drüse, kurz hinter dem Ansatz des Schwanzes auf dessen Oberseite gelegen, sondert in dieser Zeit einen intensiven veilchenartigen Geruch ab. „Viole" wird sie deshalb genannt.

Dieser zweite Fuchs muss seinem Verhalten nach ein Rüde sein. Einen Blumenstrauß hat er zwar nicht dabei, aber er wird der Fähe jetzt vermutlich den Hof machen.

Ermeline hat den Neuankömmling spitzbekommen, ist stehen geblieben und schaut ihm entgegen. Dann läuft sie einfach weg. Der Rüde folgt ihr. Beide kommen so meinem Hochsitz bis auf zirka 20, 30 Meter wieder nä-

Scharfe Sinne und ein scharfer Verstand – der Fuchs steht dafür.

*Ranzzeit: Ermeline
und Reineke
kommen sich näher.*

her. Prima, da habe ich ja einen Logenplatz. Das Fernglas mit der acht-
fachen Vergrößerung klebt an meinen Augen, im hellen Mondlicht sehe ich
auf diese Entfernung jedes Detail. Jetzt bloß nicht wieder einen Fehler machen …

Der Rüde hat jetzt die Fähe erreicht, doch die gibt sich sehr spröde, um
nicht zu sagen abweisend. Sie legt die Ohren zurück, fletscht die Zähne,
knurrt und faucht. Reineke dreht beschwichtigend den Kopf zur Seite und
wendet Ermeline seinen Hals zu. Da wären Blumen vielleicht besser gewesen, denn das haut die Fähe nicht um: Sie wendet sich ab und lässt ihn einfach stehen.

Der Rüde folgt erneut und nimmt wieder Tuchfühlung auf. Als die Fähe
abermals droht, wird auch er unfreundlicher, und es kommt zu einer kurzen Beißerei. Dann stellen sich beide plötzlich mit weit aufgerissenen Mäu-
lern auf die Hinterbeine und stemmen sich gegenseitig die Vorderpfoten
gegen die Brust. Fast zwei Minuten stehen sie sich so gegenüber, bevor es

der Fähe offenbar zu dumm wird: Sie dreht ab und empfiehlt sich in leichtem Galopp in den Wald. Der Rüde gibt nicht auf, nein, dazu ist die Verlockung zu groß. Er folgt seiner Auserwählten umgehend. Schade, das Spielchen hätte ich gern noch etwas länger beobachtet. Immerhin habe ich diesmal die Füchse nicht verscheucht, ist ja auch schon was.

Und kurz darauf habe ich noch einmal Glück. Dicke Wolken schieben sich vor den Mond, das „Setting" wird deutlich dunkler. Dunkel genug für die gewitzten Sauen, aber nicht zu dunkel für einen guten Schuss. Der eigentliche Zweck meines Hierseins erfüllt sich. Ich erlege aus einer größeren Schwarzwildrotte ein schwächeres Tier. Auf der Viehweide sollte diesbezüglich jetzt erst einmal Ruhe herrschen ...

Zurück zu den Füchsen: Bis die Fuchsfähe ihren Galan erhört, wird der sich noch ein Weilchen anstrengen und ihr imponieren müssen. Vermutlich wird er auch andere Rüden abwehren und sich als dominant und stark erweisen müssen. Schafft er das nicht, kann er Leine ziehen. Aber selbst wenn ihm alles gelingt, lehnt ihn die Fähe in Ausnahmefällen vielleicht trotzdem ab – denn auch bei Füchsen muss die Chemie stimmen.

Der Vater ist immer ungewiss

Im für ihn besten Fall kommt es aber zur Paarung. Die findet meist im Freien, mitunter aber auch ganz konventionell im Schlafzimmer statt, nämlich im Bau.

Das ausgedehnte Vorspiel aus Werbung und Imponieren, Ablehnung und Akzeptanz hindert beide Geschlechter nicht daran, auch mal fremdzugehen. Manchmal paaren sich Rüden mit mehreren Weibchen, umgekehrt sind auch Fähen nicht gerade monogam. So kann es durchaus vorkommen, dass sie nach 51 bis 53 Tagen Tragzeit in einem einzigen Wurf Welpen von verschiedenen Vätern zur Welt bringen. Das scheint aber weder die Väter noch die Halbgeschwister zu stören – von Vaterschaftstests oder Erbstreitigkeiten unter Füchsen ist den Wildbiologen bislang jedenfalls nichts bekannt.

Die zumeist drei bis sechs Welpen kommen mit geschlossenen Augen, aber bereits behaart im Bau zur Welt, so zumindest die allgemeine Lesart. Doch auch hier bestätigen wohl Ausnahmen die Regel.

Umzug wider Willen

Anfang März mache ich mit Krabat einen Bummel durchs Revier. Es ist heller Vormittag, das Wild hat längst seine „Tageseinstände" bezogen, also die Orte, an denen es sich während des Tages vorzugsweise aufhält, weil sie schützende Deckung bieten. Deshalb darf der Hund ohne Leine auf dem Weg vor mir herlaufen. Plötzlich nimmt er die Nase hoch, wittert intensiv in eine Richtung und spurtet zu einem etwa 30 Meter entfernten hohen Reisighaufen. Ehe ich überhaupt reagieren kann, schießt im selben Moment daraus ein Fuchs hervor und sucht das Weite. Den damals erst einjährigen Hund kann ich da nicht mehr halten oder abrufen: Mit lautem Jagdgebell fegt er hinter dem Rotrock her. Verdammt! Einziger Trost: Krabat hat nicht die geringste Chance, den Fuchs einzuholen und zu fangen. Während ich auf seine Rückkehr warte, schlendere ich zu dem Reisighaufen und inspiziere ihn etwas näher.

Sehe ich richtig? Da liegen, versteckt im Zweiggewirr, vier Fuchswelpen, höchstens ein, zwei Tage alt! Die Fähe hat ihren Nachwuchs ganz offenbar nicht im Bau, sondern überirdisch in ebenjenem Reisighaufen „gewölft", wie man bei Füchsen und Hunden auch sagt. Tja, ihr lieben Lehrbücher …

Jetzt aber aufgepasst, dass Krabat da kein Unheil anrichtet. Weil der Rüde erfahrungsgemäß in 80 Prozent der Fälle auf seiner eigenen Spur zurückkehrt, laufe ich ihm ein Stück entgegen. Und richtig, fünf Minuten später sehe ich ihn mit hängender Zunge durch den Baumbestand auf mich zulaufen. Ich rufe ihn energisch zu mir und leine ihn an. Wir umschlagen den Reisighaufen in weitem Bogen und verdrücken uns, so schnell es geht. Die Mutter-Kind-Bindung ist auch bei Füchsen ausgeprägt stark, und es wird vermutlich und hoffentlich nicht lange dauern, bis die Fähe zu den Welpen zurückkehrt.

Etwas beunruhigt bin ich allerdings schon, und deshalb steige ich auf einen recht weit entfernten Hochsitz, von dem aus ich mir mit dem Fernglas einigermaßen freie Sicht auf den Ort des erhofften Geschehens verspreche. Den Hund klemme ich mir unter den Arm – klingt leichter, als es ist, denn er bringt schließlich 25 Kilogramm auf die Waage – und nehme ihn mit auf die Kanzel. Der Wind passt, er weht von den Fuchswelpen in unsere Richtung. Jetzt heißt es warten.

Aber gar nicht lange! Nach etwa 20 Minuten sehe ich, wie sich die Fuchsfähe, immer wieder anhaltend und in alle Richtungen sichernd, nähert,
zum Reisighaufen schleicht und darin verschwindet. Das ist noch mal gut
gegangen.

Es ist ein sonniger Samstag und so bleibe ich noch sitzen, lasse die Seele
baumeln. Vielleicht geschieht ja noch etwas Interessantes.

Und das tut es tatsächlich! Nach rund einer Stunde sehe ich eine Bewegung am Reisighaufen und nehme das Fernglas hoch. Die Fähe taucht wieder auf, aber was trägt sie da im Maul? Einen Welpen! Ganz vorsichtig hält
sie das kleine Würstchen am Nackenfell, peilt die Lage und trabt dann in
eine nahe gelegene Dickung. Zehn Minuten später kehrt sie zurück, taucht
ins Reisig und läuft mit dem nächsten Welpen in Richtung Dickung. Noch
zweimal geht das so, dann ist der Umzug geschafft.

Faszinierend! Mir war zwar bekannt, dass Fuchsfähen bei starker Beunruhigung und drohender Gefahr am Bau durchaus auch mal umsiedeln,
aber gesehen habe ich das noch nie! Die Gefahrentoleranz dieser Fähe war
wohl besonders schnell erschöpft, weil sie sich nicht gerade ein bombensi-
cheres Wochenbett ausgesucht hatte. In einem unter der Erde gelegenen
Bau wären die Welpen ohne Zweifel sicherer und das Fell der Fähe wohl
dicker gewesen.

Tut mir leid, Madame, dass ich Sie zu einem Umzug gezwungen habe, wo
Wohnungen doch so schwer zu bekommen sind. Und helfen konnte beziehungsweise durfte ich dabei nicht einmal …

Treu sorgender Vater

In aller Regel spielt bei der Jungenaufzucht der Bau eine große Rolle. Dort verbringt der Nachwuchs den ersten Lebensmonat, bevor er sich erstmals ans Tageslicht wagt. Anfangs bleiben die Kleinen in der unmittelbaren Nähe der rettenden „Baueinfahrt", des Eingangs, dann entfernen sie sich immer weiter und gehen auch einzeln auf Erkundungstour.

Fuchsrüden sind recht fürsorgliche Partner und Väter. Sie übernehmen in den ersten Wochen nach der Welpengeburt die „Einkäufe" und bringen der Fähe und den Welpen Futter in den Bau. Das tut Reineke aber nur für eine Fähe mit ihren Welpen. Die Promiskuität der Art hat daher zur Folge, dass es auch alleinerziehende Mütter gibt. Kein Problem, denn auch diese Fähen sind in der Lage, für ihre Welpen zu sorgen. Also alles wie im richtigen Leben …

Sind die Jungfüchse etwa vier Monate alt, zieht die Familie endgültig aus dem Bau aus. Die Jungfüchse verbringen ab jetzt ihr weiteres Leben im Freien. Gern halten sie sich in der Deckung von Getreidefeldern oder dichten Hecken auf. Bald schon haben sie das Jagen gelernt – vor allem auf frisch gemähten Wiesen sieht man sie jetzt mit einsetzender Dämmerung eifrig Mäusen nachstellen. In der zweiten Hälfte des Sommers hat das Beisammensein dann ein Ende und die Familie löst sich auf.

Eigenheim, Dachsbau oder Abwasserrohr

Seine Baue gräbt der Fuchs gern an Böschungen ins Erdreich. Ein solcher Bau besteht zumeist aus einer Hauptröhre, die zum sogenannten Kessel, quasi dem Wohnzimmer, führt, und mehreren, davon abgehenden Fluchtröhren. Solche komfortablen Wohnstätten sind während der Welpenaufzucht allerdings den dominanten Fähen vorbehalten. Weniger durchsetzungsfähige Fähen oder Füchse allgemein müssen bescheidener sein. Doch der Fuchs ist da generell nicht allzu wählerisch und macht es sich auch gern leicht. So werden auch trocken liegende Drainagerohre oder Dohlen bezogen. Füchse haben auch kein Problem damit, alte Dachsbaue als Quartier auszuwählen. In den mitunter beeindruckenden Bauanlagen, die der Dachs bisweilen über Jahrzehnte ausbaut, kann es sogar vorkommen, dass beide Arten schiedlich-friedlich unterschiedliche Bereiche derselben Anlage bewohnen.

Außerhalb der Paarungszeit und der Welpenaufzucht lässt die Bedeutung des Baues im Leben des Fuchses deutlich nach. Die Tiere liegen gern oberirdisch an versteckten Orten, tagsüber und vor allem im Winter auch gern einmal in der Sonne.

Wahre Prachtkerle

Obwohl Reineke ganz überwiegend in der Dämmerung und während der Nacht aktiv ist, verbummelt er sich manchmal etwas, sodass man ihm in störungsfreien Bereichen auch im frühen Morgenlicht noch begegnen kann, und während der Ranzzeit einem suchenden Rüden auch am hellen Tag. Und dann sieht man, was für Hingucker diese Tiere sind!

Die mit Abstand häufigste Farbvariante ist der „Birkfuchs". Seine bräunlich bis gelblich rote, etwas melierte Oberseite ist recht scharf von dem Weiß abgesetzt, das sich über Bauchfell, Schenkelinnenseiten, Hals und Kinn

*Ganz entspannt im
Hier und Jetzt*

zieht. Einen lustigen Kontrapunkt bilden die schwarzen Rückseiten der Ohren. Markant ist der buschige, ebenfalls rötliche Schwanz mit seiner weißen Spitze, die sogenannte Lunte. Sie macht sich am Fuchs deutlich hübscher aus als an der Antenne eines Opel Manta.

Deutlich seltener ist die Spielart des „Kohl- oder Brandfuchses". Er trägt ein überwiegend dunkelbraun-rotes Fell, Bauch und Kehle sind grau-weiß. Seine Lunte hat keine weiße Spitze. Ebenfalls recht selten ist in unseren Wildbahnen der Kreuzfuchs. Ihn ziert ein quer über die Schultern und längs des Rückens verlaufender dunkler Streifen.

Allen Farbvarianten gemeinsam sind die mandelförmigen Augen, aus denen die sprichwörtliche Schläue zu blitzen scheint.

Sommer- und Winterfell oder -balg unterscheiden sich zwar nicht in der Farbe, aber gewaltig in ihrem Volumen. Ich kenne kein anderes Wild, dessen Winterfell es in puncto Schönheit mit dem eines Fuchses aufnehmen kann. Mitunter scheint es mir, als wirkten die weitläufigen Verwandten unserer Hunde im flauschigen Wintermantel fast doppelt so groß wie im Sommer.

Der Fuchs, den ich vor einigen Jahren an einem Novembermorgen bei bereits vollem Licht beobachten konnte, war auch so eine imposante Erscheinung. Und ich verdanke ihm eine ebenso beeindruckende wie spaßige Show.

Pfotenabdrücke von Fuchs (l.) und Hund im Vergleich

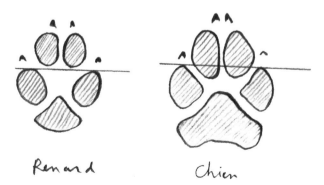

Renard   Chien

Der Morgen graut schon mächtig, ich habe mich etwas verspätet, mochte das warme Bett nur ungern verlassen. Es hat in den letzten Tagen oft geschneit, so auch in dieser Nacht, und der Schnee liegt beeindruckend hoch für diese Jahreszeit auf den Schwarzwaldbergen. Ein größerer Bereich unter ein paar mächtigen Fichtenästen ist trotzdem fast schneefrei, nur das in den letzten Stunden gefallene Weiß hält sich bis jetzt. Und doch steht darin und in der feuchten Erde bereits eine Fuchsspur.

Mein Hund schnuppert äußerst interessiert daran. Er läuft an der Leine neben mir und hinterlässt seine deutlich größeren Tapser sowohl in als auch neben denen des Fuchses. Eine gute Gelegenheit, mir die Unterschiede noch einmal kurz zu verinnerlichen. Abgesehen davon, dass der Hund nicht schnürt, seine Pfotenabdrücke also nicht in mehr oder weniger einer Linie stehen, fällt auch ein Unterschied zwischen den Abdrücken selbst auf. Die des Fuchses sind ovaler, bei ihm reichen die Spitzen der beiden äußeren Zehenballen nur bis an den Hinterrand der zwei mittleren, beim Hund aber darüber hinaus. Hier ist das gut zu erkennen, im wieder tiefen Schnee 20 Meter weiter nicht mehr. Darin hinterlassen Fuchs und Hund wie fast alle Wildarten nur „Löcher".

Jetzt aber hurtig zur Kanzel am Waldrand, den Hund auf einer warmen Decke darunter abgelegt und mich selbst so leise wie möglich hinaufgeschafft! Oben angekommen, sehe ich den mutmaßlichen Verursacher der Spur schon in etwa 80 bis 100 Metern Entfernung in der Wiese. Ganz gehörig Glück gehabt – er hat uns nicht bemerkt! Vielleicht, weil er in die Mäusejagd vertieft ist.

Langsam pirscht er hierhin und dorthin, den Blick immer dicht vor sich auf den Schnee gerichtet. Der ist aber selbst für einen Fuchs nicht durchsichtig, er ortet seine Beute mit den Ohren. Jetzt bleibt er stehen, erstarrt förmlich, selbst die Lunte bewegt sich nicht mehr. Nur den Kopf neigt er mal etwas nach links und dann nach rechts. Dann knickt er hinten etwas ein, spannt sich an. Dann ein mächtiger Sprung in hohem Bogen und der Rotrock taucht Kopf voran ins tiefe Weiß. Halb steckt er jetzt im Schnee, hinteres Körperteil und Lunte ragen senkrecht nach oben. Ich kann mir ein leises Lachen nicht verkneifen und lege schnell die Hand vor den Mund. Sieh es mir nach, du edles Raubtier, aber das sieht jetzt wirklich etwas albern aus.

Auf der Mäusejagd

Dann kommt der Rest des Fuchses wieder zum Vorschein und in seinem Fang hat er – nichts außer etwas Schnee. Schiefgegangen. Reineke wirkt auch etwas bedröppelt. Doch so schnell gibt er nicht auf. Erneut schleicht er durch den Schnee, bis er wieder eine Maus in Reichweite wahrnimmt. Das Gleiche wiederholt sich: stehen bleiben, akustische Feinjustierung und Sprung! Zum Leidwesen des Fuchses wiederholt sich auch das Ergebnis des ersten Versuchs: keine Maus, nur noch mal eine nasse Schnauze.

Weiter geht's. Gut eine Minute später scheint die nächste Beute lokalisiert. Diesmal nur noch rund 50 Meter von dem Hochsitz entfernt. Wieder hechtet der Fuchs mit einem gewaltigen Satz ins Weiß und diesmal – aller guten Dinge sind drei – hat er tatsächlich eine Maus in seinem Fang. Ich höre nichts, doch mein Hund unter der Sitzbank scheint ihr Todesquieken wahrzunehmen, denn er setzt sich auf, stellt die Ohren interessiert nach vorn und hält den Kopf etwas schief. Da weiter nichts geschieht, legt er sich wieder hin.

Der Rotrock verspeist den kleinen Nager-Snack gleich an Ort und Stelle am Stück. Vielleicht ist der Hunger nicht so groß, vielleicht ist ihm in dieser Schneewüste auch das Missverhältnis zwischen Aufwand und Ertrag zu hoch, jedenfalls zieht er von dannen.

Ein packendes Schauspiel und ein Beleg für das feine Gehör des Fuchses und seine Kreativität bei der Jagd. Gut, dass ich nicht noch länger im Bett geblieben bin …

Vom Huhn bis zur Kirsche

Flexibilität und Anpassungsfähigkeit sind herausstechende Merkmale des Fuchses, auch im Hinblick auf seine Ernährung. Der typische Nahrungsgeneralist jagt nicht nur ein breites Spektrum an Tieren, sondern nimmt auch pflanzliche Kost zu sich.

Seine tierische Hauptbeute sind zweifellos Mäuse, doch er frisst auch Regenwürmer, Insekten, kleinere Reptilien und sogar Fische. Auch Junghasen, Kaninchen und Rehkitze verschmäht er nicht, wenn sich die Gelegenheit bietet. Da dem Fuchs auch Aas willkommen ist, fällt ihm eine wichtige Rolle als Gesundheitspolizist in Wald und Feld zu. Zum Fressen gern hat er natürlich auch Enten und Hühnervögel. Das bereits 1824 komponierte Kinderlied „Fuchs, du hast die Gans gestohlen" deutet darauf hin, dass Reineke seit jeher bei Hühner- und Gänsehaltern gefürchtet ist. Und in der Tat: Hat der Fuchs einmal mitbekommen, dass sich bei einem Haus oder Hof unzureichend geschütztes Federvieh tummelt, wird er dort oft zum regelmäßigen und ungeliebten Besucher. Das vor allem im Frühjahr, wenn es hungrige Mäuler zu stopfen gilt. Und wenn es dumm läuft, schaut auch der größer gewordene Nachwuchs später des Öfteren vorbei. Dem Fuchs ist das nicht zu verübeln. Warum aufwendig nach winzigen Mäusen jagen, wenn andernorts das Essen so gut wie schon serviert ist? Hier hilft kein Ruf nach dem Jäger oder den Ordnungsbehörden, sondern nur ein fuchssicherer Schutz des Federviehs.

Obwohl der Fuchs taxonomisch zur Ordnung der Raubtiere gehört, steht auf seinem Speiseplan auch Obst – Kirschen, Zwetschgen und Mirabellen bevorzugt. In manchen Teilen Italiens bilden wieder Wacholderbeeren einen Großteil seiner Nahrung.

Und wenn das alles nicht verfügbar ist, sind sich Reineke und Ermeline auch nicht zu schade, die Mülltonnen des Menschen nach Fressbarem zu durchstöbern. Das vor allem dort, wo das Paradebeispiel eines Kulturfolgers in Siedlungen und Städten lebt, und das zum Teil in höheren Dichten als in Feld oder Wald. Bei der Abwägung zwischen „Distanz zum Menschen und in größtmöglicher Sicherheit leben" und „Risikofreude zeigen und bequem vom Wohlstandsmüll profitieren" hat er sich für Letzteres entschieden.

Und die Scheu vor dem Menschen hat er, lebt er in dessen Nachbarschaft, schnell abgelegt. Wenn ich später am Abend nach Hause komme, sehe ich seit ein paar Jahren oft Füchse entspannt über die Straße vor meiner Wohnung laufen und im Frühjahr mitunter sogar ganze Jungfuchsgruppen spielen. Sie weichen aus, flüchten aber nicht wirklich. Die Gelben Säcke stellen mittlerweile alle Bewohner des Viertels erst am Morgen kurz vor Abholung an die Straße. Zu oft war über Nacht der Großteil der Säcke von neugierigen Füchsen aufgerissen und ihr Inhalt in alle Richtungen verstreut worden. Und als ich im letzten Sommer in Richtung Stadt fuhr, tauchte ein Fuchs am hellen Nachmittag aus einer Häusergruppe auf, kreuzte entspannt zwischen fahrenden Autos und Fahrrädern die Straße, um in einem anderen Häuserblock zu verschwinden. Er war einfach cool.

Die Anpassung der Füchse geht sogar so weit, dass sie, wie man aus zahlreichen Untersuchungen weiß, in Städten und Siedlungen ihr Sozialverhalten verändert und gleichsam eine Art Geburtenkontrolle eingeführt haben. Die typischen Einzelgänger leben dort in größeren Familiengruppen inklusive Vorjahresnachwuchs zusammen und nur die dominanteste Fähe einer Gruppe pflanzt sich fort. Soweit bekannt ist, versorgt dann auch nicht nur der Rüde diese Fähe mit Nahrung, sondern der ganze Clan.

Tollwut passé: immer mehr Füchse

Ein Grund für die „Urbanisierung" der flexiblen Nahrungsgeneralisten dürfte neben den Vorzügen der Nachbarschaft zum Menschen auch der hohe Populationsdruck sein. Er zwingt die Tiere, neue Lebensräume zu erschließen. Vor Jahrzehnten tobte immer einmal wieder die Tollwut durchs Land. Vor allem Füchse dezimierte sie in dramatischem Maß. Seit diese

Die Maus ist sein.

Seuche durch eine flächendeckende Immunisierung der Füchse über Impf-
köder ab den 1980er-Jahren weitgehend eliminiert wurde, sind die Fuchs-
bestände explosionsartig angestiegen. Dank ihres breiten Nahrungsspek-
trums und ihrer Anpassungsfähigkeit setzt die Natur den Populationen
nicht so schnell eine Obergrenze wie anderen Tierarten.

Gleichwohl haben aber Füchse mit anderen Erkrankungen zu kämpfen,
die in dichten Tierpopulationen schnell seuchenartige Züge annehmen. Allen voran ist es beim Fuchs die Räude. Sie flammte in den letzten Jahren
immer wieder in unterschiedlichen Teilen Deutschlands auf. Die von Mil-
ben verursachte Erkrankung kann auf Hunde und in seltenen Fällen sogar
den Menschen übertragen werden. Bei entsprechender Behandlung ist sie
für den Menschen ungefährlich und auch beim Hund heilbar, für den Fuchs
endet sie meist tödlich.

Sorgen hat also auch das Anpassungsgenie Fuchs. Ganz unbesorgt kann
wohl kein Lebewesen auf dieser Erde leben, dafür sorgt die Natur … und im
Zweifelsfall der Mensch.

- le Blaireau -

DER DACHS – HOCHLEISTUNGS-GRÄBER MIT VIELEN NAMEN

ER IST EIN WAHRER WELTMEISTER im Buddeln, kein anderes Wildtier macht ihm darin so schnell etwas vor. Seiner Paradedisziplin hat der Dachs denn auch allerlei lokale Namen wie zum Beispiel „Gräber", „Grewing" oder „Gräwing" zu verdanken.

Sein Körper ist wie geschaffen für Erdarbeiten. Muskulös und kompakt hat ihn die Natur gestaltet. Seine verhältnismäßig kurzen, starken Beine enden in kräftigen Grabpfoten mit langen Krallen oder „Nägeln", wie die grüne Zunft sie nennt. Diese Krallen drücken sich in weichem Untergrund oder Schnee deutlich ab und machen die Spur ganz unverwechselbar – der Dachs „nagelt". Die Vorderpfoten tragen etwas längere Nägel als die hinteren und sie sind größer. Das leuchtet ein, denn mit ihnen muss der „Gräber" ja auch das Erdreich durchpflügen.

Pummelchen mit spezieller Färbung

Dazu passt ein vergleichsweise schlanker Kopf, der nahezu übergangslos auf dem Hals sitzt und in einer fast rüsselartigen Schnauze endet. So dringt das Mitglied der taxonomischen Familie „Marder" geschickt in die Erde vor. Den Eindruck des schmalen Kopfes verstärken noch die beiden schwarzen Streifen, die sich vom Nacken über die Ohren und Augen bis zu den Winkeln der Schnauze ziehen – Streifen machen schlank!

Eine weitere Besonderheit stellt die Färbung des Körpers dar. Bei den meisten Tieren ist die Bauchseite heller als die Seiten und der Rücken, beim Dachs verhält es sich genau umgekehrt: Weißlich grau meliert sind der Rücken und die Flanken, dunkelbraun die Kehle und der Bauch und schwarz seine Beine. „Verkehrtfärbung" wird so eine Erscheinung auch genannt. Auch der Iltis schwimmt farblich nicht mit dem Mainstream, sondern bevorzugt es andersherum.

Alles in allem wirkt das rundliche Kraftpaket ohne Taille etwas pummelig und behäbig. Kaum zu glauben, dass es, zumindest weitläufig, mit den wendigen, flinken Baum- und Steinmardern verwandt ist. Zumal eines der kräftigeren Männchen mit bis zu 20 Kilogramm Gewicht das Zehnfache eines Baum- oder Steinmarders auf die Waage bringen kann. Derart „beschwert", kommt der Dachs meist auch eher langsam und bummelnd daher, große Geschwindigkeiten erreicht er auch auf der Flucht nicht. All das mag die Eigenschaften erklären, die ihm unter dem Fabelnamen „Grimbart" zugeordnet werden: nachdenklich und ruhig.

Nachtaktiv und ganz entspannt

An Bezeichnungen mangelt es dem Dachs also nicht. „Schmalzmann" wird er scherzhaft auch noch genannt. Sein ausgelassenes Fett, das Dachsschmalz, wurde schon im Mittelalter und in der frühen Neuzeit gegen beispielsweise Rheumatismus auf die Haut gerieben. Bei den Anhängern alternativer Heilmethoden ist es auch heute noch beliebt.

Grimbart ist eigentlich nachts aktiv, dennoch konnte ich schon oft bei abendlichen Pirschgängen oder Ansitzen einen „Frühaufsteher" oder morgens einen verspäteten Heimkehrer beobachten. Und immer wieder fiel mir auf, wie „unbedarft" er erschien. Nicht nur einmal muss das Tier auf recht kurze Entfernung Wind von mir bekommen und mich gerochen haben. Oft folgte gar keine Reaktion oder allenfalls ein kurzes Kopfheben ohne ernsthafte Anzeichen von Beunruhigung.

Die Furchtlosigkeit hat sicher nichts mit einer schlechten Nase zu tun, eher vielleicht mit dem Umstand, dass es dem Dachs weitgehend an natürlichen Feinden mangelt und er längere Zeit auch vom Menschen kein Ungemach erfuhr. Luchs, Adler und Uhu sind nach wie vor recht selten in unseren Wildbahnen und kommen wie auch der Wolf längst nicht überall vor.

Wie Phönix aus der Asche

Der Mensch verzichtete auch deshalb länger darauf, ihm nachzustellen, weil die Dachsbestände in den letzten drei Jahrzehnten des 20. Jahrhunderts dramatisch eingebrochen waren. Der Grund lag in der Bekämpfung der

Fuchstollwut mit ausgesprochen rabiaten Methoden: Auf behördliche An-ordnung wurde in der 1960- und 1970er-Jahren systematisch Gas in „Fuchs-bauten" geleitet, um Reineke zu reduzieren. Doch traf diese Maßnahme in vielen Fällen weniger den Fuchs als vielmehr den wesentlich stärker an Baue gebundenen Dachs und brachte ihn an den Rand des Aussterbens. Als dies deutlich wurde, genoss der Grimbart, obwohl er noch bejagt werden durfte, auch seitens der Jägerschaft viele Jahre Schonung. Mit Erfolg: Seine Bestän-de haben sich erholt und sind in jüngerer Vergangenheit wieder stark ange-stiegen. Auch heute noch wird der Dachs eher „extensiv" bejagt.

Nickerchen im Winter

Deutlich schwieriger als im Sommer ist es, dem Dachs oder seinen Spuren im Winterwald zu begegnen, zumindest wenn es wirklich kalt ist. Grimbart hält zwar keinen langen, durchgehenden Winterschlaf, wie es zum Beispiel Gartenschläfer und Igel tun, aber eine sogenannte Winterruhe, die dem Temperaturgeschehen angepasst ist. Fallen die Temperaturen stark, legt er Ruhephasen über mehrere Tage oder auch Monate ein. Dabei senkt sich seine Körpertemperatur ab, die Körperkerntemperatur bleibt jedoch erhal-ten. So kommt er vergleichsweise schnell wieder auf „Betriebstemperatur". Der Schlaf wird je nach Temperaturverlauf dann mehr oder weniger häufig durch Wachphasen unterbrochen, in denen die Tiere sich bewegen und auch Nahrung aufnehmen.

Uralte Baue gigantischen Ausmaßes

Seine Winterruhe hält Schmalzmann natürlich im Bau – die unterirdischen Mehrzimmerwohnungen spielen in seinem Leben eine wesentlich zentra-lere Rolle als in dem des Fuchses. Tagsüber ziehen sich Dachse immer in den Bau zurück, ganze Clans leben in einer Anlage. So ein Clan kann aus einem Chef und einer Chefin, den Jungtieren eines Jahres sowie denen des Vorjahres bestehen und über zehn Tiere umfassen.

Da nimmt es nicht wunder, dass Dachsbaue viel Platz bieten müssen. Was für gewaltige Anlagen sie ins Erdreich buddeln, ist dennoch beeindruckend. Nicht umsonst spricht man respektvoll auch von „Dachsburgen".

Manche Baue nutzen die Tiere jahrzehntelang. Und da jede neue Dachs-generation „anbaut", sprich die Anlage erweitert und weitere Kessel hinzu-fügt, können unter Umständen Hunderte von Metern Röhrensysteme von mehreren Hundert Metern Länge entstehen. So wurden schon Baue mit Dutzenden von Kesseln, einem Netz aus fast 1 000 Metern Röhren und über 150 Eingängen festgestellt. Sozusagen die Londoner U-Bahn-Systeme der Tierwelt. Da erstaunt es nicht weiter, dass gelegentlich auch der Fuchs mit seiner Sippe einen Teil der Anlagen benutzt.

Entschleunigte Trächtigkeit

Im Bau bringt die Dachsfähe auch ihre zwei bis vier Jungen zur Welt, und das schon recht früh im Jahr, gegen Ende oder unmittelbar nach der Win-terruhe zwischen Januar und März. Der Nachwuchs verlässt erst mit etwa zwei Monaten den Bau und geht auf erste Erkundungstouren.

Schon wenige Tage oder Wochen nach dessen Geburt verpaart sich die Fähe zwischen Februar und Mai erneut, denn auch bei Dachsen und eini-gen anderen Mitgliedern der Familie Marder spielt sich das „Wunder" einer Keimruhe ab, das wir auch von den Rehen kennen. Die befruchteten Eizel-len legen bis zum Winter eine Pause ein, bevor sie sich dann weiterentwick-eln. Während dieser Ruhephase kann es gelegentlich zu weiterem Sex kommen.

Wie stark die Röhren und Kammern einer Dachsburg dimensioniert sein können, erlebte ich zu meiner eigenen Verblüffung anlässlich einer Treibjagd auf Wildschweine im Saarland.

Ein Hund auf Abwegen

Es ist Mitte Dezember, und eine dünne Schneedecke hat die Landschaft überzuckert. Weil die Sauen das dichte Unterholz hier nur ungern verlas-sen, gehen wir mit den Hunden durch die Fläche, um unsere vierbeinigen Jagdhelfer zu unterstützen, wenn sich die borstigen Schwarzkittel partout nicht in Bewegung setzen wollen. Plötzlich ruft Markus, mein linker Nach-bar: „Ekki, dein Hund steckt hier bei mir in einem Dachsbau!"

Ich lache nur, denn das kenne ich von Krabat. Immer wieder einmal schiebt er sich, so weit es geht, in den Eingang einer Fuchs- oder auch Dachsröhre. Dass der Bau bewohnt ist, erkennt seine Nase sofort.

„Der kommt schon, ruf ihn halt und zieh ihn an der Rute vorsichtig wieder raus", rufe ich zurück.

„Wie denn?", ruft Markus. „Der ist komplett verschwunden!" Das darf doch wohl nicht wahr sein …

Ich laufe rüber und starre verblüfft in ein großes, dunkles Loch, in dessen Tiefe mein Hund abgetaucht ist. Sehen kann ich nichts von ihm. Ich rufe mehrfach seinen Namen, und bald darauf taucht er zum Glück wieder auf – allerdings nicht mit der Kehrseite zuerst, sondern „richtig herum"! Und überdies total verdreckt.

Markus und ich sind platt: Nicht nur, dass es der Hund überhaupt ganz in den Bau geschafft hat, nein, er muss zu einem so geräumigen Kessel gelangt sein, dass er sich in seiner wenig geschmeidigen Kevlar-Schutzweste umdrehen konnte! Wohl gemerkt: Krabat ist ein Deutscher Wachtelhund und mit seinem halben Meter Widerrristhöhe und knapp 30 Kilogramm Gewicht ein eher stattlicher Vertreter seiner Rasse. Mit einem Dackel, die wie manche Terrierrassen speziell für die Jagd unter Tage gezüchtet wurden, hat er wenig gemeinsam.

Ein rechtes Pummelchen ist der Dachs, bevor
er die Winterruhe antritt.

Ich bin erleichtert. Nicht nur darüber, dass der Hund wieder da ist, sondern vor allem auch unverletzt. Denn der Dachs ist trotz seines behäbigen Eindrucks ein nicht zu unterschätzender, gefährlicher Gegner.

Mit ihm ist nicht zu spaßen

Seine krallenbewehrten Pfoten taugen nicht nur zum Graben, sondern auch zum Austeilen kräftiger Hiebe, die tiefe Wunden reißen können. Dazu kommt ein schraubstockstarkes Gebiss. Auf dem Schädel verläuft ein zusätzlicher Knochenkamm, anhand dessen man ihn von dem eines Fuchses oder eines anderen Raubtiers zweifelsfrei unterscheiden kann. Dieser Kamm dient der Verankerung seiner ausgeprägten Kaumuskulatur. Immerhin sind die Kaumuskeln auch beim Menschen die relativ gesehen kräftigsten Muskeln des ganzen Körpers. Dabei nennt Homo sapiens nicht einmal irgendwelche Extra-Knochen zum Andocken solcher Muskeln sein Eigen. Ein Mensch kann immerhin einen vollen Bierkasten mit dem Unterkiefer anheben, wenn er denn so albern ist, das zu versuchen.

So mancher Jagdhund hat schon bitter dafür bezahlen müssen, sich mit einem Dachs einzulassen. Auch für Krabat wäre wohl eine direkte Begegnung mit Grimbart weniger glimpflich ausgegangen als die Stippvisite in dessen Bau.

Den Kürzeren gezogen

An einem Novembertag bin ich am Frühnachmittag im Wald unterwegs. Ganz in Zivil und ohne „böse Absichten", weil ich nur rasch eine Ansitzleiter reparieren möchte. Ich laufe auf einem breiten Waldfahrweg, der annähernd parallel zu einer etwa 100 Meter entfernten, viel befahrenen Landstraße verläuft. Der Hund bummelt wenige Meter vor mir her, inspiziert mit seiner Nase am Wegbankett mal hier, mal da etwas. Plötzlich springt er die Böschung hinunter und kurz darauf ertönt sein giftiges „Kampfgebell". Was ist denn jetzt los?

Ich folge ihm sofort nach und entdecke den Eingang zu einem trocken gefallenen Drainagerohr, das unter dem Weg verlegt wurde. Und aus diesem Rohr schallt Krabats zorniger Laut. Und nicht nur das, sondern auch ein tiefes, fast bärenartiges Brummen. Kein Zweifel: der Drohlaut eines Dachses. Er hat heute wohl etwas Abwechslung gebraucht und in diesem Rohr Quartier bezogen.

Sakrament, was soll ich jetzt tun? In dem Rohr ist der Bergbau-Spezialist Dachs dem Hund deutlich überlegen, zumal Krabat sich in dem engen Rohr nur der Front des Dachses aus Zähnen und Krallen gegenübersieht. Ich versuche zwar, den Hund abzurufen, aber das kann ich vergessen, zu sehr ist Krabat in Rage.

Dann taucht er kurz auf, um sich zu vergewissern, dass der „Chef" bei ihm ist. Das tun unsere Hunde oft, wenn sie wehrhaften Gegnern wie einem Wildschwein oder eben einem Dachs gegenüberstehen. Und sofort verschwindet Krabat wieder im Rohr. Sein Anblick, der sich mir kurz bot, reichte jedoch, um mir angst und bange um den Hund werden zu lassen. Seine Lefzen waren voll schaumigen, der Erregung geschuldeten Speichels, doch der war rosa, mit Blut vermischt. Und es war wohl Krabats Blut. Ich brülle nach dem Hund, aber dessen Erregung ist zu groß.

Auch der Dachs wird immer zorniger, wie ich seinem anschwellenden Brummen entnehmen kann. Dann macht er wohl einen Ausfall, und Krabat ist immerhin schlau genug, zurückzuweichen. Dabei taucht sein Schwanz aus dem Rohr auf – ich packe sofort zu und ziehe den ganzen Kämpfer heraus, leine ihn an und führe ihn weg. Der Hund hechelt wie verrückt, und nachdem ich ihn zu einem Bach geführt und habe trinken lassen, dauert es noch eine Weile, bis er halbwegs die Fassung wiedergefunden hat. Seine Lefzen zeigen üble Bissspuren des Dachses. Zwei Stunden später sind sie so angeschwollen, dass man meinen könnte, Krabat habe Tischtennisbälle darunter versteckt. Ab zum Tierarzt-Notdienst, der sofort ein Antibiotikum verordnet.

„Verklüften"

Eine besondere Raffinesse lässt sich Grimbart mitunter bei Auseinandersetzungen mit Dachshunden und Terriern im Bau einfallen. Er „verklüftet sich", das heißt, er schaufelt in Windeseile einen Haufen Erde zwischen sich und den Angreifer. Gräbt der Hund nach, kann es passieren, dass er sich mit dem hinter sich verfrachteten Erdreich selbst einmauert. Dann hilft nur noch Orten des Hundes via GPS und freigraben. Eher selten kann es auch passieren, dass der Hund in einer Sackgasse – einer blind endenden Röhre also – hinter den Dachs gerät und dieser ihn „verklüftet".

Sofern die Baujagd im Naturbau überhaupt noch gestattet ist, sind Hundeleute aus den genannten Gründen gut beraten, genau zu prüfen, ob der Bewohner eines Baus Fuchs oder Dachs ist, bevor sie den Hund vielleicht zur Suche hineinschicken. Ist Schmalzmann Herr im Haus, lassen sie das besser bleiben.

Ein Toilettengänger

Fuchs- und Dachsbaue über der Erde zu unterscheiden, ist nicht allzu schwer. Abgesehen von den zumeist zahlreicheren und größeren Eingängen in näherer Umgebung sind für Grimbarts Anlagen ausgetretene Rinnen vor den Einfahrten typisch – im Jägerjargon „das Geschleife". Diese Rinnen gehen in der Regel in Pfade über, welche die Dachse auf dem Weg vom und zum Bau in dessen Nähe regelmäßig einhalten.

Hinzu kommt ein Hang zu „Reinlichkeit": Die Tiere benutzen sozusagen Toiletten, denn ihren Kot setzen sie an den immer gleichen Stellen ihres Streifgebiets ab. Diese sogenannten Dachslatrinen finden sich auch in der Umgebung der Baue.

Fleisch und Pflanzen

Neben dem wenngleich unterschiedlich stark ausgeprägten Leben unter Tage haben Fuchs und Dachs eine weitere Gemeinsamkeit. Auch Schmalzmann ist ernährungstechnisch breit aufgestellt, sprich ein Allesfresser. Er verzehrt jedoch wesentlich höhere Anteile an pflanzlicher Kost als der Fuchs und alle anderen Vertreter der Familie Marder.

Seine Hauptnahrung sind Regenwürmer, die im Frühjahr die Hälfte seines Speiseplans stellen können. Seine Lust auf Fleisch stillt er darüber hinaus mit Käfern, Schnecken, Larven, dazu den Eiern bodenbrütender Vögel, Mäusenestern und mitunter auch Junghasen. Ein gefährlicher Feind ist er für Igel: Der Dachs kennt die einzige kleine Schwachstelle der vollständig eingerollten Tiere, eine kleine Lücke am Bauch. Dort hinein steckt er seine

*Grimbarts schwarz-weiße Gesichts-
zeichnung ist unverwechselbar.*

schmale Schnauze und „knackt" unter Zuhilfenahme seinen krallenbewehrten Vorderpfoten damit die Stachelkugeln. Neben dem Uhu gilt der Dachs
als Hauptfressfeind des Igels. Ansonsten jagt Grimbart nicht wirklich aktiv,
sondern sammelt seine Nahrung „nachdenklich und ruhig" ein.

Auch den hohen Anteil pflanzlicher Nahrung deckt der Erdmarder – ein
weiterer Name – aus vielen Quellen. Streuobstwiesen und Gärten mit Fallobst stehen bei ihm hoch im Kurs, zu den veganen Komponenten zählen
außerdem Pilze, Wurzeln, Beeren, Samen und Eicheln, aber auch Getreide
und hier vor allem Mais in der Milchreife.

In letztgenannten Feldern kann er spürbare Schäden anrichten und damit den Landwirt verärgern. Aber nicht nur den Ackerbauern, sondern
auch den Rinderhalter und den Hobbygärtner. Auf der Suche nach Wurzeln, Eicheln, Regenwürmern, Engerlingen und mehr wühlt er mit seiner
Schnauze Löcher in den Waldboden, aber eben gern auch in Wiesen – er
„sticht". Dabei geht er zwar nicht ganz so rigoros vor, wie es Wildschweine
tun, hinterlässt aber auch faustgroße, annähernd trichterförmige Löcher.

Besonders groß ist der Appetit des Dachses im Herbst, denn dann gilt es,
Fettreserven für den Winter anzulegen.

- La Fouine -

„ECHTE" UND
ANDERE MARDER

LORBASS IST AUSSER RAND UND BAND – und sehr zornig. Zum zehnten Mal umrundet er den Stoß Brennholz, presst seine Nase mal in die eine, mal in die andere Lücke zwischen den Hölzern, kratzt hier, kratzt da und stößt regelmäßig verzweifelt-wütendes Kläffen aus. Er hat einen Steinmarder gewittert und wie immer keine Chance, an ihn heranzukommen.

Seine „Machtlosigkeit" reizt Lorbass bis aufs Blut. Ähnlich reagiert er – wie alle meine Hunde – auch auf Eichhörnchen und Igel: Auch bei den rasanten Kletterkünstlern und den im Wortsinn unantastbaren Stachelkugeln waren sie alle chancenlos. Und diese Ohnmacht verträgt ihr Ego überhaupt nicht und ärgert sie maßlos.

Sehr früh schon hat seine Nase auch Lorbass gelehrt, dass „Holzbeigen", wie man hier im Südschwarzwald auch sagt, zu den bevorzugten Tagesverstecken des Steinmarders gehören. Wenn ich den Hund gewähren lasse, kommt er an keiner vorbei, ohne sie gründlich zu inspizieren. Die Marderspuren im Schnee rund um den Holzstapel haben schon vermuten lassen, dass dieser hier einen beherbergt.

Variable Spuren

Deutlich stehen die Abdrücke im weißen Pulver: Mal hat der Marder sich langsam fortbewegt und seine Abdrücke in Vierergruppen – Vorderpfoten vor den Hinterpfoten – ins Weiß gesetzt, mal war er etwas schneller unterwegs und hat den typischen sogenannten „Paartritt" hinterlassen. Dabei greifen die Abdrücke der Hinterpfoten direkt in die der vorderen, sodass zwei leicht versetzt nebeneinanderliegende Abdrücke zurückbleiben. Doch der Marder beherrscht noch mehr Spurbilder: In der Fluchtspur findet man häufig den „Dreitritt": Die Abdrücke von Vorder- und Hinterpfote greifen auf einer Seite direkt ineinander und stehen auf der anderen Seite leicht versetzt hintereinander – drei Abdrücke je Sprung sind dann zu erkennen. Zuletzt hinterlassen Marder auf der Flucht ihre Abdrücke mitunter auch in einer Anordnung, die der des Hasen entspricht: Die Abrücke der hinteren Pfoten stehen vor denen der Vorderpfoten.

Alle diese Spurbilder können sowohl der Stein- als auch der Baummarder hinterlassen, in unserer Wildbahn die einzigen Vertreter der Gattung „Echte Marder". Einziger, aber schwer festzustellender Unterschied: Die Zehenzwischenräume des Baummarders sind behaart, die des Steinmarders nicht. Deswegen erscheinen seine Abdrücke auch in ganz frischem Zustand nicht so klar und scharf umrissen wie die des Steinmarders und wirken etwas verwaschen. Die Krallen des Baummarders sind genauso kräftig wie die des Steinmarders, aber sie wirken infolge der durch die Behaarung vergrößerten Sohlenoberfläche kürzer und drücken sich oft nur mit der Spitze ab.

Doch auch ohne genaue Betrachtung der Spuren gehe ich davon aus, dass Lorbass sich am heutigen Wintermorgen über ein „Weißkehlchen" aufregt. Es ist einfach immer noch viel häufiger als das „Gelbkehlchen", das ich hier noch nie habe bestätigen können.

Merkmale mit Unsicherheitsfaktor

Die beiden scherzhaften Bezeichnungen der Arten beziehen sich auf ein äußeres Unterscheidungsmerkmal: Der Steinmarder besitzt einen eher weißlichen Kehlfleck, der unten gegabelt ist und sich bis auf die Vorderläufe erstrecken kann. Der Kehlfleck des Baummarders ist tendenziell gelblicher und unten abgerundet.

Und es gibt weitere Unterschiede im Outfit: Die übrige Körperfärbung des Steinmarders ist braun bis rötlich braun, während der Baummarder eher graubraun daherkommt. Seine Haare sind vor allem im Winter auch länger, weicher und seidiger als das rauere und gröbere Fell des Steinmarders. In Zeiten, in denen Fuchs- und Marderbälge noch zu wertvollen Gütern zählten, waren deshalb die Winterfelle der Baummarder wesentlich begehrter als Steinmarderfelle. Überhaupt spielte der Verkauf von Fellen und Bälgen einst in unseren Landen eine recht bedeutende Rolle: So mancher Förster finanzierte sich mit dem Handel ein neues Jagdgewehr oder andere hochpreisige Anschaffungen.

Baummarder

Bleiben wir bei den Mardern und ihren Erkennungszeichen: Die Nase des Baummarders ist schwarz im Gegensatz zur fleischfarbenen des Steinmarders. Neben den schon erwähnten Pfotensohlen unterscheiden sich beide Arten auch in der Statur: Der Baummarder erscheint etwas hochbeiniger und schlanker als das gedrungener wirkende Weißkehlchen.

Wichtig ist allerdings, dass alle genannten Merkmale sehr variabel ausfallen können und für sich allein genommen zur zweifelsfreien Unterscheidung der beiden Arten nicht wirklich taugen. Die ist nur anhand bestimmter Zähne und der Nasenöffnungen im Schädelknochen möglich. Doch wann lässt ein Marder jemanden schon mal in sein Gebiss schauen oder tief in seiner Nase bohren …?

Steinmarder

Mietfreier Mansardenbewohner

Schon während meines nun doch ein paar Jahre zurückliegenden forstlichen Referendariats waren die wohl häufigsten Fragen, die mir am „Amtstelefon" aus der Bevölkerung gestellt wurden: „Ein Fuchs holt mir regelmäßig Hühner, wie werde ich den los?", „Wir haben einen Dachs im Garten, der nachts alles auf den Kopf stellt, was ist da zu tun?", und zuletzt: „Auf unserem Dachboden hausen Marder, die machen uns nachts verrückt mit ihrem Gepolter und Geschrei, was können wir dagegen machen?" Und fast immer musste ich zugeben: nicht viel. Denn die gängigen Hausrezepte „monotones Radiogedudel", „Menschen- oder Hundehaare beim entsprechenden Frisör holen und verstreuen" und so weiter mögen in Einzelfällen helfen, tun es meist aber gar nicht oder nur für kurze Zeit: Die ungebetenen Besucher gewöhnen sich schnell an fast alles. Diese Anrufe verdeutlichten aber, wie sehr Fuchs, Dachs und Steinmarder zu Kulturfolgern geworden sind, bereits mitten unter uns leben und die Vorteile der menschlichen Nachbarschaft zu nutzen wissen.

Und auch das ist einer der großen Unterschiede zwischen Weißkehlchen und Gelbkehlchen: Wenn auch der Baummarder heute nicht mehr wie früher einmal als scheuer Kulturflüchter bezeichnet werden kann, ist er doch immer noch weitgehend an den Lebensraum Wald gebunden. Dass es sich bei dem immer um ein großes, einsames Waldgebiet handeln muss, haben neuere Studien allerdings widerlegt. Der Baummarder findet auch in Waldungen und Feldgehölzen von nur wenigen Hektar Größe sein Auskommen. Und auch seine Streifzüge machen nicht mehr unbedingt vor menschlichen Siedlungen halt. Da scheint sich eine Entwicklung hin zum Kulturfolger anzubahnen. Mit der Allgegenwärtigkeit des Steinmarders kann es Gelbkehlchen jedoch noch lange nicht aufnehmen, denn der lebt in Wald und Feld ebenso wie in unseren Ställen, auf unseren Dachböden in Dörfern und Städten bis hin zu manchen Großstadt-Hauptbahnhöfen ...

Der eine im Erdgeschoss …

Dachböden und Ställe entdeckt der Steinmarder vor allem im kalten Winter für sich, bieten sie doch wärmere und trockenere Ruheplätze als Felsspalten, Steinhaufen oder die erwähnten Holzstöße, in die er sich in Feld und Wald sonst tagsüber zurückzieht. Damit es auch an diesen Orten etwas komfortabler ist, legt er dort Nester an, die er mit Haaren, Federn oder Pflanzenmaterial auspolstert. Mitunter schlüpft er auch in die verlassenen Baue anderer Tiere, denn selber graben ist seine Sache nicht. Und dann bezieht er gelegentlich noch natürliche Baumhöhlen und sogar verlassene Rabenvogel- und Greifvogelhorste.

… der andere ein Tarzan

Der Baummarder hält sich viel häufiger als sein Verwandter aber in größeren Höhen auf, in den Baumkronen nämlich. So ruht er auch selten in Erdverstecken, sondern vor allem in Baumhöhlen, darunter in denen des Schwarzspechts, in alten Eichhörnchenkobeln oder in größeren Vogelhorsten. Tagesquartiere hat er in seinem Territorium gleich mehrere.

Wenngleich auch der Steinmarder gut klettern kann, ist das Leben in luftiger Höhe eindeutig Gelbkehlchens Domäne. Er vermag sich mit geradezu artistischer Eleganz rasant schnell von Ast zu Ast, von Baum zu Baum zu bewegen und Entfernungen von bis zu vier Metern im Sprung zu überwinden, das alles ohne Netz und doppelten Boden – Tarzan würde vor Neid erblassen.

Territoriale Allesfresser

Beide Marderarten leben territorial, dulden also in ihrem Herrschaftsbereich keine Artgenossen des gleichen Geschlechts. Die Reviergröße schwankt je nach Lebensraum und verfügbarem Nahrungsangebot erheblich. Männchen beanspruchen in der Regel größere Reviere als Weibchen, hinzu kommt, dass die Reviergröße auch von der Jahreszeit abhängt: Sie ist im Winter deutlich kleiner als im Sommer.

Gejagt wird in der Dämmerung und nachts: Der Steinmarder tut dies überwiegend am Boden, der Baummarder sowohl am Boden als auch zwei, drei Etagen höher.

Beide Marderarten sind opportunistische Allesfresser. Sie bevorzugen Fleisch und jagen Kleinsäuger wie Mäuse, Ratten und Kaninchen, mitunter auch Junghasen sowie bodenbrütende Vögel. Deren Eier fressen sie ebenso gerne wie Reptilien, Frösche, Schnecken oder Aas. In menschlichen Siedlungen bedient sich der Steinmarder auch gerne an unseren Abfällen. Im Sommer ergänzen Baum- und Steinmarder ihre Kost um pflanzliche Bestandteile, insbesondere Beeren und Früchte. Der klettergewandte Baummarder erbeutet auch Eichhörnchen und die Eier baumbrütender Vögel.

Bei Geflügelhaltern ist vor allem der Steinmarder gefürchtet: Einmal in einen Stall eingedrungen, lässt er oft kein Huhn und keine Ente mehr am Leben, obwohl ihm einer der Vögel zum Sattwerden allemal reichen müsste. Das panische Umherflattern der Vögel scheint seinen Tötungsreflex immer wieder aufs Neue auszulösen. Dieses instinktive Verhalten zu bewerten und dem Marder deswegen einen „Blutrausch" anzudichten, ist allerdings eine deplatzierte menschliche Sichtweise.

Wilder Liebesreigen

Wechsel der Jahreszeit: Hochsommer, ich bin mit Freunden zur Rehwildjagd in Mitteldeutschland. Es ist „Blattzeit", die Paarungszeit des Rehwildes, die immer wieder Jagdglück verspricht. Am Abend sitze ich in einem Erdschirm an einem Hang und harre der Dinge, die da kommen sollen. Und sie kommen, allerdings nicht auf die erwartete Weise.

Vor mir nehme ich plötzlich eine Bewegung an einem Baumstamm wahr und im selben Moment fegt senkrecht daran ein Marder herunter. Er flitzt einige Meter über den Waldboden, dreht einen Kreis, rast weiter… Was ist dem mit dem los? Hat den eine Tarantel gestochen?

Die Erklärung folgt in Gestalt eines zweiten Marders, der denselben Baum herunterfegt und Nummer eins in schnellen Sprüngen nachsetzt. Dann geht es hin und her: auf der Erde, dann wieder den Baum rauf, den Baum runter, dazu gelegentlich laute Schreie. Als beide auf kurze Entfernung endlich für ein, zwei Sekunden stillsitzen, zeigt mir das Fernglas, es sind Baummarder. Gelbe, unten abgerundete Lätzchen wie aus dem Bilderbuch.

Und im selben Moment wird mir auch der Grund ihrer Aufregung klar. Nicht nur das Rehwild, auch Stein- und Baummarder halten ja in der heißesten Zeit des Jahres Hochzeit. Und auch bei ihnen setzt nach der Befruchtung ja eine Ei- oder Keimruhe ein, sodass die Jungen erst im März/April des Folgejahres zur Welt kommen. Wenn die Tiere aber liebestoll sind, geht es eben wild her.

Davon kann ich mir noch etwa fünf Minuten ein Bild machen: Am Boden jagen Rüde und Fähe hintereinanderher, schlagen mitunter regelrecht Purzelbäume, mit ungebremster Geschwindigkeit geht es Baumstämme hinauf und hinunter, von einer Baumkrone zur nächsten. Unglaublich, dass die Tiere nicht schlicht und einfach abstürzen!

Irgendwann turnen sie auf diese Art immer weiter weg von mir, bis ich sie nicht mehr sehen kann. Schade, das war ein tolles Spektakel! Steinmarder habe ich schon oft gesehen, aber noch nie habe ich Baummarder so lange und so nah beobachten, geschweige denn ihren Liebesreigen so hautnah erleben können.

Jungenaufzucht ist Frauensache …

Wie immer bei polygamen Arten – das heißt, ein Männchen verpaart sich mit unterschiedlichen Weibchen – erkalten die Herzen der Marderherren für die Damen nach der turbulenten Paarungszeit rasch. Aus der Jungenaufzucht halten sich die Rüden fein heraus. Auf sich allein gestellt, bringen die Weibchen im Frühjahr in ihrem Versteck zwei bis fünf, meist drei Junge zur Welt. Deren Augen sind in den ersten Lebenstagen geschlossen, und als Nesthocker wird die neue Generation auch unbehaart geboren. Mit drei bis vier Monaten erlangen sie die Selbstständigkeit.

Dach- und Automarder

Apropos „Was tun gegen Marder auf dem Dachboden?" Das probateste Mittel ist immer noch, das gewohnte Umfeld ihres Schlafplatzes gründlich zu verändern: Radio auf den Dachboden und Licht an – beides mit Zeitschaltuhr, um Gewöhnungseffekten vorzubeugen –, das Inventar des Dachbodens wie Kisten oder Möbel umstellen, kurz: Nichts darf bleiben, wie es war. Das genügt oft schon, damit sich die Rabauken verunsichert zurückziehen. Um ihre Rückkehr oder die Ankunft neuer Marder zu verhindern, hilft letztlich nur eines: Der Zugang, den die Tiere nutzen, muss gefunden und sicher verschlossen werden.

An der Frage, wie Autoschäden durch Marder unterbunden werden können, sind allerdings sogar die Kfz-Hersteller oft genug gescheitert. Eine gängige These besagt Folgendes: In kühlen Nächten ergötzen sich Marder zunächst nur an der Wärme, die der Motor eines Autos noch länger verströmt. Schäden treten nur dann auf, wenn ein „mardergenutztes" Auto über Nacht im Territorium eines anderen Marders abgestellt wird. Der dem Auto anhaftende Geruch des Fremdlings löst beim „Platzhirsch" regelrechte Zornesausbrüche und, in Abwesenheit des Gegners, Amokläufe gegen das Auto aus. So weit die Theorie …

Gnadenloser Jäger mit gnadenlosem Geruch

Einen Iltis hingegen habe ich bei meinen Spazier- und Reviergängen nur dreimal live erleben können, und das auch nicht lange, jeweils nur für wenige Sekunden. Er ist wie die kleineren Brüder Hermelin und Mauswiesel kein „Echter Marder", sondern wird zur Gattung der „Wiesel, Iltisse und Nerze" innerhalb der Familie „Marder" gezählt. Ja, die Taxonomie ist eine Wissenschaft für sich!

Dass man dem „Europäischen Iltis" im Wald seltener begegnet, hat damit freilich wenig zu tun. Er ist vielmehr kein ausgesprochener Waldbewohner und führt damit seinen Alternativnamen „Waldiltis" etwas zu Unrecht. Er mag offene Waldränder mit Versteckmöglichkeiten, aber auch Felder und Wiesen zählen zu seinen Lebensräumen. Tagsüber versteckt er sich in Reisig-, Stein-, Stroh- oder Holzhaufen und in Kaninchenbauen. Und ja, auch den Iltis kann man in der Nähe von Dörfern und Höfen antreffen. Dort jagt er mitunter in Ställen und Scheunen, in die er sich im Winter auch gern ganz zurückzieht. Besonders schätzt er die Nähe von Gewässern und Feuchtgebieten.

„Stinkmarder", „Stinkratz" oder „Stänker" nannten ihn wenig charmant die alten Jäger. Diese Namen verdankte er dem wirklich übel riechenden Sekret aus seinen Analdrüsen, mit dem er sein Revier markiert und Feinde auf Abstand hält. Auch die Redensart „stinken wie ein Iltis" zeugt von dem wenig angenehmen Geruch, den der Iltis verströmt.

Mit schwarzem Bauch und Maske

Der Iltis ist kleiner und leichter als Baum- und Steinmarder, der Größenunterschied zwischen den Geschlechtern ist zudem stark ausgeprägt. Männchen können mit bis zu 45 Zentimetern Körperlänge ohne Schwanz bis zu 50 Prozent größer werden als die Weibchen und mit über eineinhalb Kilogramm Gewicht im Extremfall sogar doppelt so schwer.

Iltisse sind wie der Dachs „verkehrt gefärbt". Bauch und Kehle sind schwarzbraun, Rücken und Flanken erscheinen wegen des gelblich weißen und deutlich durchschimmernden Unterhaars wesentlich heller. Farblich kommen sie im Winter daher wie im Sommer, das Winterfell ist allerdings dichter. Den eher flachen Kopf ziert ein markantes Gesicht: Überwiegend weiß, wirkt es durch eine dunkle Augenbinde und die runden, hellrandigen Ohren wie maskiert. Diese Gesichtszeichnung findet sich auch noch bei manchen Frettchen, der domestizierten Form des Iltisses. Ursprünglich für die Baujagd auf Kaninchen gezüchtet, erfreuen sie sich seit einigen Jahren als Haustiere und Weggefährten auf der Schulter oder in der Jackentasche neuer Beliebtheit.

Rauer Jäger und Liebhaber

Der Iltis ist ein kompromissloser Bursche und Jäger. Er frisst vorzugsweise Fleisch und vermag Beutetiere zu überwältigen, die deutlich größer sind als er selbst. Seine Liebe zu Gewässern spiegelt sich auch in seinem Speiseplan wider. Gern erbeutet er Frösche und Kröten, mitunter sogar Fische. Aber auch Mäuse, Vögel, Eier, Regenwürmer und Reptilien verschmäht er nicht.

Getötet wird die Beute mit einem Nackenbiss. Auch vor Aas schreckt der Maskierte nicht zurück. Eher selten labt er sich an Früchten.

Rau geht es auch in der Liebe zu: Beim mitunter über eine Stunde währenden Paarungsakt beißt sich das Männchen wenig romantisch im Nacken des Weibchens fest und stellt es so ruhig.

Anders als die „Echten Marder" kennen Iltisse keine Keimruhe. Die Paarung findet zwischen März und Anfang Juni statt, und nach etwas über 40 Tagen Tragzeit kommen ihre Jungen in sicheren Verstecken mit geschlossenen Augen und unbehaart zur Welt. Nach drei Monaten stehen sie auf eigenen Füßen, das Familienleben tauschen sie aber erst im Spätherbst gegen die vollständige Selbstständigkeit ein.

Weiß wie die Unschuld

Irgendwann in der 1980er-Jahren im Dezember. Die nach harten nächtlichen Minustemperaturen überfrorene Erde knackt und knirscht unter den Stiefeln. Wir wollen zu dritt mit zwei Hunden schauen, ob wir am Weiher nicht eine Ente ergattern können. Auch jetzt am Tage liegt die Temperatur unter null, und die Ränder des Wasser sind bis auf wenige Bereiche von Eis überzogen. Langsam nähern wir uns dem dichten Schilf- und Strauchgürtel, der das Weiherufer säumt und aus dem Eis herausragt. Schade, die Breitschnäbel scheinen heute einen Außentermin zu haben, auf der Wasserfläche sind nur drei Blässhühner zu sehen. Plötzlich sehe ich in einem recht flachen Strauchabschnitt einen kurzen, schneeweißen Stecken kerzengerade nach oben ragen. Nanu, was ist denn das? Aber schon ist dieser Stecken wieder weg, um kurz darauf zehn Meter weiter erneut in die Höhe zu ragen. Hey, das ist ja ein Hermelin im Winterfell. Das habe ich hier ja noch nie gesehen! Leider bleibt es bei den zwei kurzen Beobachtungen, denn das Großwiesel, wie es auch heißt, verabschiedet sich in dichteres Strauchwerk. Vielleicht hat es Angst, von uns mit einer Ente verwechselt zu werden. Man hört ja schon so allerhand über diese Jägersleut´ …

Da in diesem Winter trotz einiger kalter Tage noch keine Schneeflocke gefallen ist, ist das weiße Kerlchen, das gerade mal so lang ist wie ein durchschnittlicher Männerfuß, in dem Braungrün des Uferbewuchses doch ziemlich ins Auge gefallen. So hatte sich das die Evolution eigentlich nicht gedacht, als sie den Großen Wieseln die Fähigkeit zum Farbwechsel verlieh. Im Anschluss an das sommerliche Mittelbraun auf ihrer Oberseite legen sich einige im Winter nämlich ein schneeweißes Fell zu. Fast schneeweiß: Etwa das letzte Drittel ihres vergleichsweise kurzen Schwanzes bleibt auch im Winter so schwarzbraun wie im Sommer.

*Hermelin oder Großes
Wiesel im Sommer*

hermine en été

hermine en hiver

*Hermelin im schneeweißen „Königsmantel".
Das Schwanzende ist auch jetzt dunkel.*

Großes Wiesel und Kleines Wiesel

An dem Schwanzende und an den auch im Sommer hellen Pfoten kann man das Großwiesel das ganze Jahr über vom Maus- oder Kleinwiesel unterscheiden. Dessen Schwanz ist durchgehend mittelbraun wie auch die Pfoten. Und das ist gut so, denn ein klein geratenes Hermelin könnte man ansonsten durchaus mit einem stattlichen Mauswiesel verwechseln. Ersteres wird ohne Schwanz zwischen knapp 20 und gut 30 Zentimeter lang, der tendenziell kleinere Vetter bringt es immerhin auch auf elf bis gut 20 Zentimeter.

Erschwerend kommt für die Unterscheidung hinzu, dass auf das weiße Fell des Hermelins kein Verlass ist. Im wärmeren Klimaten und auch manchmal bei uns behalten sie auch im Winter ihre braune Färbung. Im hohen Norden ihres Verbreitungsgebiets sind sie dagegen ganzjährig weiß, und dieses Verbreitungsgebiet erstreckt sich in Europa vom Norden der Iberischen Halbinsel bis über ganz Skandinavien. Um die Verwirrung komplett zu machen: Auch das Mauswiesel hüllt sich in manchen Teilen seines Verbreitungsareals in winterliches Weiß, in Mitteleuropa allerdings höchst selten. Unzweideutig ist aber das Unterscheidungsmerkmal Schwanzende: Das des Hermelins ist sommers wie winters schwarzbraun, das des Mauswiesels nicht.

Wo Mäuse sind, sind Wiesel

Beiden Wieseln ist gemeinsam, dass sie nicht in geschlossenen Wäldern leben, sondern wie der Iltis in deren Rändern sowie in offenen Landschaften, in Hecken und Feldgehölzen oder auch in Gärten. Tagsüber verstecken sie sich in dichtem Pflanzenbewuchs, in Felsspalten, hohlen Baumstämmen, Holz- und Steinhaufen oder den leer stehenden Bauen anderer Tiere. Ihre Nester polstern sie mit trockener Vegetation, Haaren oder Federn aus.

Das Vorkommen beider Arten korreliert eng mit dem von Scher-, Erd- und Feldmäusen, ihrer Hauptbeute. Vor allem das Großwiesel ist ein gnadenloser Jäger. Es erbeutet auch Ratten und Kaninchen, die deutlich größer als es selbst sind, und tötet seine Beute mit einem Nackenbiss. In mäusearmen Jahren greifen beide Arten auch einmal bei Vögeln und deren Eiern, bei Junghasen oder Eidechsen zu.

Keimruhe ja und nein

Wie die „Echten Marder" paaren sich Hermeline schon frühzeitig im späten Frühling oder Sommer, bringen ihre durchschnittlich sechs bis neun Jungen nach einer Keimruhe aber erst im April oder Mai des folgenden Jahres zur Welt. Beim Mauswiesel hingegen kommt es nicht zur Keimruhe. Grundsätzlich ist eine Paarung das ganze Jahr über möglich, der Höhepunkt der Fortpflanzungssaison liegt aber im Frühling und Spätsommer. Nach gut einem Monat kommen durchschnittlich fünf Junge zur Welt. So kann es auch vorkommen, dass ein Weibchen in optimalen Jahren auch zweimal Mutter wird.

Ein Fell für Könige

Bleibt nachzutragen: Wegen seines weißen Winterfells besaß das Hermelin über Jahrhunderte hinweg große Symbolkraft als Inbegriff der Reinheit und dieses Winterfell genoss höchste Wertschätzung. Einen weißen Hermelinmantel zu tragen, war lange Zeit nur Königen und höchsten Würdenträgern gestattet. Für die Angehörigen niedriger Stände eher unerfreulich, war das Feudalsystem des Mittelalters in diesem Punkt für das Große Wiesel wohl eher von Vorteil: Man stelle sich nur vor, wie viele der kleinen Jäger ihr Fell und damit das Leben hätten lassen müssen, wenn jedermann so einen schönen Mantel hätte beanspruchen können und tragen wollen …

le raton laveur

DER WASCHBÄR –
KLEINER BÄR MIT GROSSER
FINGERFERTIGKEIT

JETZT BIN ICH DANN DOCH SICHER: Irgendwer oder -was macht sich seit Wochen hier oben auf dem Hochsitz regelmäßig zu schaffen! Die alte Decke, die mich dann und wann vor Kälte schützt, und das Sitzkissen liegen jedes Mal an einer anderen Stelle und der Abfalleimer, eine leere Blechdose, ist immer wieder umgeworfen. In die Dose hatte ich beim letzten Ansitz, das erinnere ich genau, einen Apfelbutz geworfen, und der ist heute weg.

Ein Mensch ist der Besucher wohl kaum, denn der Sitz steht sehr versteckt, und im Schnee habe ich außer meinen eigenen keine Fußabdrücke gesehen. Natürlich, die allgegenwärtigen Rehfährten habe ich in der Umgebung entdeckt, ab und zu mal eine Hasen- und einmal eine Dachsspur. Aber Rehe können nicht klettern und auch Hasen oder Dachse sah man noch keine Hochsitzleitern erklimmen.

Weitere Spuren auf der Erde waren zu fragmentär und verwaschen, um sie genau zuordnen zu können. Ein etwas besser erkennbarer Abdruck sah aus wie ein Miniatur-Kinderfuß – allerdings mit Krallen an den Zehen. Das lässt in mir die Vermutung keimen, dass sich hier vielleicht ein Waschbär tummelt. Im überdachten Hochsitz selbst liegt kein Schnee, Abdrücke sind da deshalb nicht festzustellen. Kratzspuren am Holz habe ich aber gefunden.

Einen Waschbären wirklich gesehen habe ich in diesem Revier noch nie, aber was heißt das schon bei dieser ausgeprägten Nachteule? Wer auch immer es war, er muss gut klettern können, um auf den Hochsitz zu gelangen, und da kommen nur wenige infrage: Steinmarder, Baummarder und – recht unwahrscheinlich – Wildkatze. Eine streunende Hauskatze ist kaum denkbar, denn der nächste Hof ist kilometerweit entfernt. Bleibt eben der Waschbär. Ich tippe auf Letzteren und mache die Probe aufs Exempel.

Der Schraubglas-Test

Ein kleines Schraubdeckelglas stelle ich ohne Deckel fest in den Innenraum des Hochsitzes. Dahinein kommen etwas Steinobst und Beeren – zugegeben, aus dem Supermarkt, denn schließlich ist Winter – und ein paar klein geschnittene Stückchen Fleisch. Das Glas verkeile ich bombensicher, sodass keiner der Verdächtigen es einfach umstoßen kann. Und das Wichtigste: Die Öffnung der Glases ist so klein gewählt, dass weder ein Marder- noch ein Katzenkopf durchpasst. Ein Waschbärkopf auch nicht, aber der Bursche muss auch nicht mit dem Kopf hinein, um an die Snacks zu gelangen: Er sollte in der Lage sein, Kirschen, Beeren und Fleisch mit seinen geschickten Vorderpfoten aus dem Glas zu fischen …

Zwei Tage warte ich, denn vielleicht gibt es zuerst Berührungsängste, dann schaue ich nach. Enttäuschung: Alles wirkt unverändert, Glas und Inhalt ebenfalls. In der folgenden Nacht schneit es, und neugierig statte ich dem Hochsitz am Tag wieder einen Besuch ab. Und diesmal hat sich etwas getan! Das Glas steht an seinem Platz und es ist … leer! Das kann doch nur ein Waschbär gewesen sein! Der freche Kerl scheint auch gleich sein Geschäft hinterlassen zu haben, aber das Häuflein ist nicht zweifelsfrei zuzuordnen. Dafür aber die Spuren, die ich nach aufmerksamer Suche im frischen Schnee am Fuß des Hochsitzes finde: winzige Hände und Füße, die Abdrücke der Vorder- und Hinterpfoten des Kleinbären.

Auf leisen Sohlen

Als sogenannter Sohlengänger setzt der Waschbär den kompletten Fuß, also Ferse, Ballen und Zehen inklusive Krallen, auf die Erde. Dass beim Sohlengänger Waschbär die Hinterpfoten deutlich länger sind als die vorderen, macht seine Spur unverwechselbar.

Huftiere wie Reh, Hirsch und Wildschwein, aber auch unsere Kühe sind „Spitzengänger" oder „Zehenspitzengänger": Als „Paarhufer" laufen sie nur auf der Spitze zweier Finger beziehungsweise Zehen. Die Klauen oder Schalen sind gleichsam die Finger- bzw. Zehennägel. Der „Unpaarhufer" Pferd tritt sogar nur auf je einer Zehe auf. Finger und Zehen der Huftiere haben sich im Laufe der Evolution natürlich ganz anders entwickelt als die des Menschen und äußerlich kaum etwas mit diesen gemeinsam.

Unaufhaltsamer Siegeszug

Das ist ja eine Überraschung: Waschbären im Revier! Andererseits: Nein, wirklich überraschen kann das eigentlich nicht. Die Ausbreitung dieses Neubürgers ist rasant vonstattengegangen, und man hat guten Grund anzunehmen, dass er immer schon deutlich weiter vorgedrungen ist, als man sicher weiß. Unter „Neozoen", wie sie wissenschaftlich genannt werden, versteht man Tierarten, die eigentlich nicht in Europa heimisch sind, sondern eingeschleppt wurden, sei es, weil sie ausgesetzt wurden, sei es, weil sie aus Gehegen, Pelztierfarmen oder Parks entkommen sind. Zu ihnen zählen zum Beispiel auch Nutria, Marderhund und Nilgans, die ähnlich verbreitungsfreudig sind wie der Waschbär. Sie alle werden als „invasive Arten", als Eindringlinge, bezeichnet und sind von Naturexperten aller Couleur nicht besonders gern gesehen: Sie können seit jeher natürlich vorkommende Arten mit ähnlichen Lebensraumansprüchen verdrängen und infolge ihrer starken Ausbreitung die biologische Vielfalt und damit heimische Ökosysteme gefährden.

Waschbärspuren. Die Abdrücke der Hinterpfoten erinnern etwas an die von Kinderfüßen.

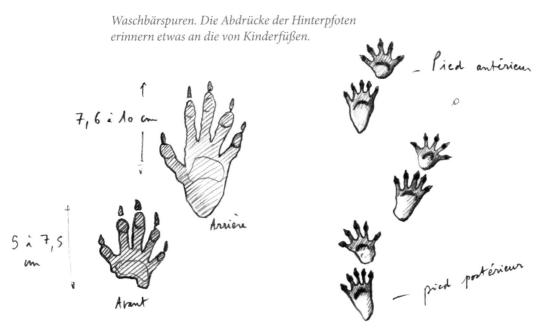

Für das Vorkommen des Waschbären in Deutschland gilt besonders ein Ereignis als Initialzündung: 1934 wurde am hessischen Edersee ein Waschbärpaar ausgesetzt. Im Gegensatz zu früheren Auswilderungsversuchen verlief dieser äußerst erfolgreich. Bereits etwa 30 Jahre später schätzte man das Vorkommen auf etwa 600 Tiere. Ein weiteres Ausbreitungszentrum entstand etwa zehn Jahre später mit dem Ausbruch von über 20 Waschbären aus einer Pelzfarm im brandenburgischen Strausberg. Heute geht man davon aus, dass es noch zu weiteren Ausbrüchen oder Aussetzungen der Tiere gekommen sein muss. Jedenfalls sind der Siegeszug der kleinen Bären und ihre Eroberung neuer Lebensräume seit Jahrzehnten ungebrochen.

Mit rund 60 Zentimetern Körperlänge und vier bis acht Kilogramm Gewicht ist der Waschbär der größte Vertreter aus der Familie der Kleinbären und auch der einzige, der es dank des Menschen nach Europa geschafft hat. Alle anderen Kleinbärenvertreter leben in freier Wildbahn nach wie vor nur in großen Teilen des nord- und südamerikanischen Kontinents.

Farblich kommt der Waschbär mit seinem gräulichen Fell zunächst eher unscheinbar daher. Markant sind jedoch die dunklen Ringe an seinem 20 bis 25 Zentimeter langen, buschigen Schwanz, den man aus älteren Filmen von den Trappermützen nordamerikanischer Pioniere, Fallensteller und Goldsucher kennt. Warme Mützen sind das allemal, denn das Winterhaar des Waschbären ist ausgesprochen dicht. Auffallend am Äußeren der Tiere ist insbesondere der breite, schwarze Streifen, der sich in dem hellen Gesicht über die Wangen und Augen zieht. Dieses Gesicht qualifizierte auch den Waschbären wie den ähnlich gezeichneten Iltis sofort für jeden Maskenball.

„Zorro"-Gesicht, die buckelige Körperhaltung und der bärenartige Schaukelgang lassen die Tiere alles in allem geradezu drollig erscheinen. Dieses Wort kam mir spontan auch bei meiner ersten, bis heute im Gedächtnis haftenden Begegnung mit ihnen vor gut drei Jahrzehnten.

Ein ungewöhnlicher Morgen

Es ist ein freundlicher Morgen Anfang Juni, rund 60 Kilometer vom Edersee entfernt. Am Vorabend habe ich ein Reh erlegt und bin daher versucht, jetzt einmal auszuschlafen. Im letzten Moment entscheide ich mich dagegen und für einen „unbewaffneten" Reviergang um der Freude am Beobachten willen. Eine gute Entscheidung, denn es sollte ein sehr interessanter Morgen werden.

Als es halbwegs hell ist, laufe ich noch ziemlich schlaftrunken los, immer am Waldrand entlang. Schon nach 20 Minuten die erste Wildbeobachtung: In der Wiese, keine 30 Meter entfernt, liegen zwei Rehkitze. Dass ich sie sehe, ist fast schon Zufall: Nur ihre Köpfchen mit den Ohren tauchen ab und zu zwischen den Grashalmen auf. Sie haben mich allerdings schon spitzbekommen: Plötzlich springen beide auf, laufen einige Meter weg und ... legen sich wieder flach auf die Erde. Dann noch einmal: hoch – ein paar Meter flüchten – und wieder abtauchen. Ich kann mir ein Lachen kaum verkneifen: Die beiden scheinen sich gerade genau in der Übergangsphase zu befinden. In den ersten Lebenstagen setzen Rehkitze, wie weiter vorn erwähnt, bei Annäherung einer Gefahr auf die Strategie, sich unsichtbar zu machen, denn zum erfolgreichen Flüchten sind sie körperlich noch gar nicht in der Lage. Sind sie dann irgendwann schnell genug, kommt die Zeit der schnellen Flucht. Die beiden vor mir stehen irgendwo dazwischen und scheinen sich nicht entscheiden zu können. Schmunzelnd lege ich einen Zahn zu, um sie von meiner Gegenwart zu erlösen.

Bald darauf biege ich um eine Kurve und erstarre zur Salzsäule: Keine 20 Meter vor mir steht ein Schmalreh mitten auf dem Weg und beknabbert in aller Ruhe die Pflanzen an dessen Rand. Der Wind steht gut für mich und das Reh ist offenbar ganz in sein Frühstück versunken: Zehn Minuten kann ich ihm auf kürzeste Entfernung zuschauen. So nah, dass ich die Bewegung der Kaumuskeln erkenne. Dann wendet es mir den Kopf zu und erstarrt seinerseits. Dieser komische Pfahl stand doch eben noch nicht da? Das Reh reckt seinen Kopf in meine Richtung und versucht, meine Witterung zu bekommen, seine Nasenflügel „arbeiten". Das klappt aber nicht, denn der ohnehin schwache Wind weht genau auf mich zu. Trotzdem ist dem Reh das alles nicht geheuer, und es schlüpft sicherheitshalber in den dicht bewachsenen Hang. Panisch wirkt es dabei nicht. Ich lasse ihm fünf Minuten Vorsprung und gehe dann vorsichtig weiter.

Drei Wegkurven weiter folgt der Höhepunkt des heutigen Morgens: Neben dem Weg wackelt es nur rund 15 Meter entfernt mächtig in der Böschung. Ich bleibe sofort stehen. Fuchs? Dachs?

Keiner von beiden, denn jetzt schiebt sich ein Waschbär auf den Weg, dreht mir zum Glück sofort das Hinterteil zu und schaukelt in aller Gemütsruhe los. Es ist eine Bärin, wie ich gleich feststellen werde, denn plötzlich hopsen drei Jungtiere auf den Weg und folgen ihr. Ich wage kaum zu atmen und bin begeistert: Zum ersten Mal sehe ich Waschbären, und das so nah und bei vollem Licht. Ich warte etwas und folge dann den vier runden Schaukelpopos mit den buschigen Anhängseln ganz langsam. Ja, „drollig" trifft es. Die Prozession aus Waschbärfamilie und verblüfftem Menschen zieht etwa 60 Meter weit, bis Mama den Nachwuchs auf einem schmalen Pfad in eine Dickung hinein entführt. Schade.

Mit Speckgürtel in den Winter

Dass mein erster „persönlicher" Waschbärnachweis im Südschwarzwald viele Jahre später ausgerechnet im Winter erfolgte, war ein glücklicher Umstand. Nicht nur der Art selbst, sondern auch der Jahreszeit wegen, es ist nämlich keine Selbstverständlichkeit, ihr im Winter überhaupt zu begegnen. Wie der Dachs nimmt sich auch der Waschbär in der kalten Jahreszeit gern einmal Auszeiten, er hält eine Winterruhe. Damit er sich das leisten kann, frisst er sich im Herbst einen mächtigen Speckmantel an. Zum Winteranfang kann er sein Gewicht fast verdoppelt haben. Für seine winterlichen Nickerchen und als sommerlichen Tagesunterschlupf wählt der geschickte Kletterer Baumhöhlen, bevorzugt in alten Eichen. Gibt es die nicht, weiß er sich auch zu helfen, denn mit Felsspalten, Steinbrüchen, Erdlöchern, Fuchs- und Dachsbauen gibt er sich auch zufrieden.

Gedeckte Tische auch in der Stadt

Die rasante Eroberung Deutschlands hat nicht zuletzt mit „Zorros" Flexibilität und Anpassungsfähigkeit zu tun. Auch er zählt zu den Allesfressern und frisst zu etwa gleichen Teilen tierische und pflanzliche Nahrung. An Gewässern jagt er gern und erbeutet dort kleine Fische, Krebse und Frösche. An Land dürfen es auch einmal Vögel, Echsen, Salamander, Kleinsäuger, Spitzmäuse oder Haselmäuse sein. Im Herbst setzt er verstärkt auf kalorienreiche Pflanzenkost wie Obst und Nüsse.

Überhaupt keine Probleme hat der Waschbär damit, Essensreste einzusammeln, nach denen er den Müll und die Komposthaufen des Menschen durchstöbert, oder die Fressnäpfe unserer Haustiere leer zu räumen. Wohl vor allem wegen dieser leicht zugänglichen Nahrungsquellen ist auch der Waschbär wie Fuchs, Marder und Co. zu einem ausgeprägten Kulturfolger geworden. Längst lebt auch er nicht mehr nur in freier Wildbahn, sondern vielerorts auch mitten unter uns. Mindestens so treffend, wie Berlin gelegentlich scherzhaft „Hauptstadt der Wildschweine" tituliert wird, hat Kassel, die dem Edersee nächstgelegene Großstadt, schon viele Jahre das Prädikat „Hauptstadt der Waschbären" verdient. In Dörfern und Städten beziehen die Tiere wie der Steinmarder auch gern einmal leer stehende Gebäudeteile.

Flexibles Sozialleben ohne Reinlichkeitszwang

Das soziale Leben der Waschbären passt in keine Schublade. Die Tiere verbringen ihr Dasein entweder als Einzelgänger oder in lockeren Familien. Bei hohen Bestandsdichten teilen sich verwandte Fähen aber auch ein gemeinsames Gebiet, während sich Männchen auch in „Männergruppen" zusammenschließen.

Den Namen Waschbär verdankt der nordamerikanische Übersiedler einem Irrtum. Bei der Jagd bedient er sich seiner sehr empfindlichen Vorderpfoten und tastet vor allem an See-, Fluss- und Bachufern unter Wasser damit nach Beutetieren. Dass die Tiere in Zoos und Tierparks ihre Nahrung vor dem Fressen oft unter Wasser tauchen, wird heute als eine sogenannte Leerlaufhandlung interpretiert, die diese Art der Nahrungssuche in freier Wildbahn imitiert. Lange ging man jedoch von einem Reinlichkeits-Spleen der Tiere aus und glaubte, sie wüschen ihre Leckerbissen vor dem Verzehr erst einmal gründlich sauber.

DER FELDHASE –
FRUCHTBARER FLITZER

WENIGE METER VOR MIR explodiert der Schnee, und er schnellt wie
von einem Katapult geschossen heraus, fegt auf den Weg, fliegt auf ihm ein
Stück weit, schlägt dann einen seiner Haken und ist im selben Moment in
der nahen Tannen-Buchen-Verjüngung verschwunden. Ein Hase! Und
vollkommen überraschend, denn wahrgenommen habe ich ihn vorher wie
so oft überhaupt nicht, bis ich schließlich fast neben ihm stand. Dabei habe
ich den Weg nur schnell verlassen, um einen stattlichen Zunderschwamm
an einer dicken Buche zu fotografieren. Damit habe ich den guten Mümmelmann wohl mindestens so erschreckt wie er mich. Zurückbleiben ein
dunkler, schneefreier Fleck im hellen Weiß – das Lager oder die „Sasse" –
und seine typische Spur aus Abdruck-Vierergruppen.

„Hinten" überholt

Denkt man sich eine Linie zischen den Malen der Vorderpfoten und denen
der Hinterpfoten, wird man an ein etwas schiefes T erinnert: Die hintereinander aufgesetzten Vorderpfoten bilden den Längsstrich, die annähernd
nebeneinanderstehenden Hinterpfoten den kurzen Querstrich. Da die Hinterbeine des Hasen sowohl beim gemütlichen Hoppeln als auch in rasanter
Flucht die Vorderbeine „überholen" und vor ihnen aufgesetzt werden, zeigt
der Querbalken des Ts die Laufrichtung an.

Hase und Wildkaninchen – viele Unterschiede

Bei flüchtigem Hinsehen ähneln sich Feldhase und Wildkaninchen durchaus in ihrem Äußeren. Beide werden auch von Zoologen der Familie der
Hasen innerhalb der Ordnung der Hasenartigen – und nicht der Nagetiere! – zugeordnet. Selbst ihre Spurbilder ähneln sich, sieht man einmal von

*Mümmelmanns
charakteristische
Spur: Er ist von
hinten gekommen.*

der geringeren Größe und den geringeren Abständen der Abdrücke beim Kaninchen ab. Gemeinsam sind ihnen ebenfalls zwei zusätzliche Zähne, die hinter den mächtigen Schneidezähnen sitzen. Diese sogenannten Stiftzähne besitzen Nagetiere nicht.

Stichwort Sasse: Sie steht für ein Merkmal der Lebensweise des Hasen, das ihn vom Wildkaninchen unterscheidet. Während Kaninchen in großen Sippen in unterirdischen Bauen leben, ist der Feldhase ein Einzelgänger und bleibt jahrein, jahraus über der Erde. Seine Auszeiten nimmt sich „Meister Lampe" überwiegend tagsüber, und er verbringt sie in flachen Erdmulden, den Sassen also. Wenn tagsüber starker Schnee fällt, lässt er sich auch mal komplett einschneien.

Den Fabelnamen „Meister Lampe" verdankt der Hase übrigens wie der Fuchs dem gut 500 Jahre alten Epos „Reynke de vos", in dem er als „Lamprecht" firmiert. Daraus wurde spätestens in Goethes „Reineke Fuchs" dann „Meister Lampe".

Wer etwas genauer hinsieht, kann Hase und Kaninchen auch anhand ihres Äußeren zweifelsfrei unterscheiden. Rücken und Flanken des Hasen bewegen sich zwischen Gelblich-Grau, Ockerbraun und Braunrot, der Rücken ist schwach schwarz gesprenkelt. Die Bauchseite ist cremig weiß. Die Spitzen der gräulichen Hasenohren ziert ein schwarzer Fleck. Der Schwanz, die sogenannte Blume, ist oberseits schwarz und unterseits weiß. Im Winterfell kommen die Kopfseiten zwar etwas heller daher, aber trotzdem ist seine Tarnung bei winterlicher Schneelage nicht ganz so perfekt wie „mit ohne Schnee". Im Gegensatz zu seinem Verwandten, dem deutlich weiter im Norden lebenden Schneehasen, legt sich unser Feldhase in der kalten Jahreszeit kein weißes Fell zu.

Im Gegensatz zu ihm ist das Wildkaninchen nicht nur kleiner und bis zu mehr als die Hälfte leichter, sondern zeigt an Rücken und Flanken sowie auf der Oberseite des Schwanzes eine graue Färbung. Der Bauch und die Unterseite des Schwanzes sind auch bei Kaninchen weißlich. Unterschiede gibt es wieder bei der Augenfarbe: Die des Hasen ist bernsteinfarben, die des Kaninchens dunkel.

Domestizierung? Nein danke!

Apropos „kleiner und leichter": Alle unsere Hauskaninchen- oder „Stallhasen"-Rassen bis hin zu den verschiedenen, oft schlappohrigen Riesenkaninchen mit bis zu acht oder neun Kilogramm Gewicht stammen von Wildkaninchen ab! Der Feldhase hingegen wehrt sich seit jeher erfolgreich gegen seine Domestizierung. Bis heute ist sie nicht gelungen, bis heute sind alle Bemühungen um Haltung und Züchtung fehlgeschlagen.

Ohren und Hinterbeine – die Länge zählt

Ein gutes Unterscheidungsmerkmal zwischen Hasen und Kaninchen ist außerdem die Länge der Ohren und der Hinterbeine. Beide sind beim Hasen nicht nur absolut, sondern auch im Verhältnis zum übrigen Körper deutlich länger.

Das Kaninchen braucht keine allzu langen Hinterbeine: Da sie sich nie allzu weit von ihrem Bau entfernen, müssen sie bei Gefahr nur kurze Spurts zu dessen rettender Einfahrt hinlegen. Meister Lampe muss da deutlich sprintstärker und ausdauernder sein. Er ist ursprünglich ein Bewohner der Steppe sowie offener Landschaften und ein typisches Fluchttier, zum kämpferischen Helden taugt er nicht. Dieser Umstand hat mit Begriffen wie „Hasenfuß", „Angsthase" und „das Hasenpanier ergreifen" bereits vor langer Zeit Eingang in unseren Wortschatz gefunden. Wie beim Muffelwild fällt die ausgeprägt seitliche Stellung der Hasenaugen am Kopf auf. Sie gestattet dem Hasen nahezu Rundumsicht und so die frühzeitige Wahrnehmung von Feinden aus fast allen Richtungen.

Plan A: Plattmachen wie eine Flunder

Mümmelmanns sprungfedergleiche Hinterbeine kommen ins Spiel, wenn ein Feind bedrohlich nahe kommt und sein Plan A – Flachmachen – Abtauchen – Nicht-gesehen-Werden – zu scheitern droht. An dieser Strategie hält er aber erst einmal fest, und das mitunter bis zur allerletzten Sekunde. Sie ist Kräfte sparender und – je nach Angreifer – auch erfolgreicher als das Gerenne.

Während des Studiums beteiligte ich mich im Fachbereich „Wildbiologie" mehrmals an sogenannten Zähltreiben. Verkürzt ging es dabei darum, auf bestimmten Flächen – in der Regel im Feld – Hasen aufzuscheuchen und zu zählen. Das lässt zwar keine exakten Rückschlüsse auf die Bestandshöhe zu, erlaubt aber, Tendenzen zu erkennen, wenn auf der gleichen Fläche solche Treiben zu unterschiedlichen Jahreszeiten und in den Folgejahren wiederholt werden.

Nicht nur einmal spritzte ein Hase buchstäblich kaum einen Meter vor einem der „Zähler" aus der Sasse. Manchmal gelang es sogar, das Tier vorher zu entdecken und es auf kurze Distanz ein Weilchen zu beobachten. Das geschah aber selten, denn wenn Hasen „sich drücken", sich also flach an die Erde pressen und ihre langen Ohren an den Körper schmiegen, verschmelzen sie nahezu vollständig mit der Umgebung und sind schwer zu entdecken. Wie lange sie auf „platte Flunder" machen, hängt auch von der Witterung ab. Bei nassem Wetter oder feuchtem Schnee liegen sie ziemlich fest, bei Trockenheit oder Frost ergreifen sie dagegen früher das berühmte Hasenpanier.

Heutzutage wird die Entwicklung der Hasenvorkommen zu wissenschaftlichen Zwecken eher mit der sogenannten abend- oder nächtlichen Scheinwerfer-Taxation durchgeführt: Eine Fläche wird auf genau festgelegten Linien abgefahren und das Gelände rechts und/oder links der Linie mit einem starken Scheinwerfer abgeleuchtet. Alle Hasen, die im Lichtkegel zu sehen sind, werden gezählt. Diese Methode ist besser und stiftet vermutlich auch weniger Unruhe unter den Untersuchungsobjekten.

Plan B: Abhauen

Entschließt sich Mümmelmann aber zur Flucht, geht es ab: Fliehen, ja das kann der Feldhase wie kein Zweiter. Von null auf 70 in etwa fünf Sekunden. Da können die meisten Autos nicht mithalten. Tatsächlich vermögen Feldhasen über kürzere Strecken auf 60 bis 70 Stundenkilometer zu beschleunigen. Und Sätze von fast sieben Metern Weite und zwei Metern Höhe zu vollführen!

Dazu kommt ihre einzigartige Fähigkeit, aus vollem Lauf einen überraschenden Haken zu schlagen, das heißt, die Richtung um 90 Grad zu ändern. Wo sie ihren Lebensraum mit Stein- und Seeadlern teilen, entziehen sie sich diesen wesentlich schnelleren Angreifern oft in letzter Sekunde mit Sprüngen und Haken.

Ein schier unglaubliches Erlebnis hatte ich vor vielen, vielen Jahren. Es verdeutlichte mir die Spurtstärke des Feldhasen – und des Fuchses. Die Geschichte klingt nach einer bisher unveröffentlichten Lügengeschichte Baron von Münchhausens oder nach Jägerlatein, doch sie ist wahr – großes Indianer-Ehrenwort!

Formel 1 der besonderen Art

Ich fahre nachts auf einer Landstraße in Hessen. Weil zu so später Stunde weit und breit kein anderes Auto auftaucht, fast dauerhaft mit Fernlicht. Plötzlich nehme ich an der Böschung der Gegenfahrbahn eine Bewegung war, trete auf die Bremse, und … vor mir schwenkt ein Hase auf die Fahrbahn. Fast im selben Moment folgt noch ein Schatten und zwischen mir und dem Hasen fädelte sich ebenfalls von links ein Fuchs ein! Das Auto völlig ignorierend, setzt er dem Hasen nach. Mir fallen fast die Augen aus dem Kopf! Beide Tiere sprinten vor mir auf der Fahrbahn, und das für eine gefühlte Ewigkeit: Hase auf Goldmedaillen-Platz, Reineke auf dem zweiten Podest und an dritter Position ein altersschwacher Golf mit einem völlig perplexen Forststudenten.

Auch Füchse können kurzzeitig bis zu 50 Stundenkilometer schnell werden, und in den ersten Sekunden macht der Reineke sogar Boden gut gegenüber seinem Mitternachts-Imbiss, den er offenbar in dem Hasen sieht. Dann fällt er jedoch zusehends zurück und kommt damit meinem Auto gefährlich nahe. Ich muss vom Gas, weil ich ihn sonst noch erwische. Wie hypnotisiert scheint er vom Hasen vor sich zu sein und um das Auto hinter sich schert er sich keinen Deut!

Irgendwann hat der Hase dann so viel Vorsprung vor seinem Verfolger und meinem vom Fuchs ausgebremsten Auto, dass ich im Abblendlicht meiner Schweinwerfer gerade noch erkennen kann, wie er blitzartig nach rechts abbiegt und in der Böschung verschwindet.

Und der Fuchs? Auch er hat das mitbekommen und bremst stark ab –
und mit ihm ich, um schließlich an etwa der gleichen Stelle wie Mümmelmann zu verschwinden. Das glaubt mir doch kein Mensch!

Mein Versuch einer Erklärung: Dass Tiere in der Dunkelheit wie gebannt
vor beleuchteten Autos herlaufen, kommt öfter vor. Vermutlich ist es das
starke Licht, das sie irritiert und zu diesem Verhalten führt. So war vielleicht auch der Hase durch die Lichtkegel meiner Autoscheinwerfer gleichsam an die Fahrbahn „gebannt". Und der Fuchs sah vielleicht genau darin
seine Chance, denn normalerweise lässt sich Reineke nicht auf ein Sprint-

rennen mit dem schnelleren und Haken schlagenden Hasen ein. Als sein erhofftes nächtliches Vesper dann dem Scheinwerferkegeln so gut wie entronnen war, war auch der Bann des Lichtes gebrochen, und der Hase empfahl sich.

Klingt unglaublich, ist aber wirklich so geschehen!

Auch der Wald ist nicht tabu

Wenngleich der Hase offiziell „Feldhase" heißt, kann man ihm durchaus auch im Wald begegnen. In Landschaften mit einem Wechsel aus Feldern und kleineren Waldparzellen nutzt er ihn oft tagsüber als Rückzugsgebiet, um in der Abenddämmerung zum Fressen auf die Felder zu wechseln. Selbst in reinen Waldgebieten kommt er vor, wenngleich in deutlich geringerer Zahl als in der offenen Feldflur. Die vor allem im Wald lebenden Exemplare werden oft so viel stattlicher als ihre ausschließlich im Feld le-

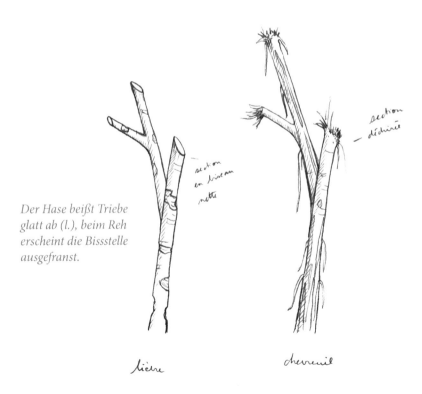

Der Hase beißt Triebe glatt ab (l.), beim Reh erscheint die Bissstelle ausgefranst.

benden Vettern, dass einst sogar darüber spekuliert wurde, ob es sich vielleicht um unterschiedliche Arten handeln könnte. Doch diese Theorie ist mittlerweile widerlegt.

Und auch im Wald weiß der Hase sich zu ernähren. Im kargen Winter tut er sich, ähnlich dem Reh, auch gern einmal an den Endknospen nachwachsender Bäume gütlich. Man muss genau hinsehen, aber dann sind seine Bissspuren gut von denen des Rehs zu unterscheiden: Mit seinen messerscharfen Schneidezähnen im Ober- und Unterkiefer sorgt er für vollkommen glatte Schnittflächen, während das durch fehlende Scheidezähne im Oberkiefer gehandicapte Reh in der Regel Fransen an den Rändern hinterlässt.

Ohne Landwirtschaft keine Hasen

Mümmelmann hält es zwar auch im Wald aus, verdankt seine Existenz in Mitteleuropa aber ursprünglich dem Landwirtschaft betreibenden Menschen. Erst die Schaffung großer, gerodeter Landschaften zum Anbau von Feldfrüchten und zur Viehhaltung durch die Bauern früherer Zeiten ermöglichten dem Hasen die Besiedlung unserer Breiten. Ohne Landwirtschaft kein Offenland, sondern nur Wald, und ohne Offenland keine Feldhasen. Gleiches gilt zum Beispiel auch für das Rebhuhn.

Der Nachwuchs hat es schwer …

Dennoch hat „Meister Lampe" es hier nicht leicht. Kein anderes Wildtier leidet unter so vielen Krankheiten wie er: Diese Übel tragen Namen wie Kokzidiose, Hasenseuche, Brucellose, Tularämie und European Brown Hare Syndrom (EBHS).

Der im Frühjahr ebenfalls in einer Sasse geborene Nachwuchs ist zudem sehr witterungsempfindlich. Nasskaltes Wetter führt zu einer hohen Todesrate infolge Unterkühlung. Hinzu kommt eine erkleckliche Anzahl natürlicher Feinde, die es ebenfalls vor allem auf die Jungtiere abgesehen haben. Zu diesen Feinden zählen der Fuchs, der Marder und scharfäugige Vögel wie Kolkrabe, Rabenkrähe und Greifvögel, aber auch Wildschweine und streunende Katzen. So gehen Wildbiologen davon aus, dass in vielen Jahren bis zu zwei Drittel der Junghasen ihren ersten Geburtstag nicht erleben.

Das Hauptproblem: der Mensch

Das vermutlich größte Problem für den Hasen sind aber die Veränderung und der Schwund seiner Lebensräume. Straßenverkehr und Landschaftszersiedelung bedrohen Mümmelmann in seinem Bestand.

Vor allem aber ist zum Fluch geworden, was einst des Hasen Segen war: Die konventionelle Landwirtschaft, die für die Kulturlandschaft sorgte, in der der Hase sich wohlfühlt, ist seit vielen Jahren von zunehmender Intensivierung gekennzeichnet. Riesige Feldschläge und Monokulturen, Großmaschinen sowie der Einsatz von Herbiziden – außer den wirtschaftlich nutzbaren Früchten lassen die Gifte kaum eines der vielen für die Ernährung des Hasen wichtigen Wildkräuter wachsen – machen Meister Lampe das Leben schwer. Fast alle Experten sehen in der Zerstörung seiner Lebensräume durch moderne Landwirtschaft die Hauptursache des seit vielen Jahren beobachteten dramatischen Rückgangs der Feldhasenzahlen in Deutschland. Dass viele seiner Fressfeinde zu den Gewinnern unserer Kulturlandschaften zählen und sich stark vermehrt haben, macht es für Mümmelmann nicht einfacher.

Statussymbol Fruchtbarkeit

Wie wäre es erst um die Art ohne ihre sprichwörtliche Vermehrungsfreudigkeit bestellt? Schon den alten Römern galt der Hase als Fruchtbarkeitssymbol. Um diesem Ruf gerecht zu werden, legen Feldhasen früh im Jahr los, denn nur dann kann es mit den drei bis vier Würfen im Jahr klappen. Von frühestens Dezember bis spätestens August dauert das sexuelle Engagement für den Arterhalt. Nach rund 42 Tagen Tragzeit bringt eine Häsin bis zu sechs Junge pro Wurf zur Welt – da kommt schon einiges an Junghäslein zusammen! Wildkaninchen können es allerdings noch besser: Fünf- bis siebenmal jährlich produzieren sie fünf bis sechs, in Ausnahmefällen sogar bis zu neun Junge …

Hasenjunge sind sogenannte Nestflüchter oder Laufjunge und kommen behaart und sehend zur Welt. Schon bald verlassen sie die Sasse, bleiben aber in deren Nähe. Mama hält sich nicht direkt bei ihnen auf, ist aber meist nicht fern und säugt sie in der Regel nur einmal in der Nacht. Zum Glück ist ihre Milch bei diesen recht langen Intervallen zwischen dem Säugen sehr energiehaltig und fettreich … Man vermutet in all diesen Strategien eine Art der Risikostreuung: Erwischt ein Fressfeind ein Häslein, hat er längst noch nicht alle.

Auch hier zeigen sich Unterschiede zum Kaninchen: Dessen Junge kommen unterirdisch in einer eigens dafür angelegten „Setzröhre" zur Welt. Als Nesthocker sind sie zunächst nackt und blind, ihre Augen öffnen sie erst nach zehn Tagen.

Hasenhochzeit

So spektakuläre Paarungsevents wie Feldhasen veranstalten Kaninchen auch nicht. Die Mümmelmänner sind berühmt für ihre Hasenhochzeiten. Obwohl sie eigentlich Einzelgänger sind, finden sich viele zu diesem Anlass an sogenannten Rammelplätzen ein und veranstalten wilde Verfolgungsjagden. Die Männchen balgen sich mit anderen Männchen, aber durchaus auch mit Häsinnen. Dabei können schon einmal die Fetzen, sprich ausgerissene Haare, fliegen. An ihnen, der sogenannten „Rammelwolle", können aufmerksame Augen die Schauplätze solcher Hasenhochzeiten auch noch nach einiger Zeit erkennen.

Zwei Jahrgänge in einer Häsin

Für die Weibchen beider Arten gilt die Möglichkeit einer Superfötation, der „doppelten Trächtigkeit", ebenfalls ein Grund für die zahlreiche Nachkommenschaft. Während die Damen eine Schar Junge austragen, können sie bereits wieder befruchtet werden und bald darauf mit zwei Würfen unterschiedlichen Alters trächtig sein. Eher eine Ausnahmeerscheinung, aber möglich.

Dem Gebot für Menschen aus dem Alten Testament, „Seid fruchtbar und mehret euch", ist die Natur auch beim Feldhasen gefolgt. Sie hat ihn mit guten Voraussetzungen dafür ausgestattet. Sein Verschwinden zu stoppen, liegt einzig bei uns.

EICHHÖRNCHEN –
KOBEL-KOBOLDE

SIE SIND EINFACH DROLLIG und stehen in der Beliebtheitsskala auch weniger naturaffiner Menschen ziemlich weit oben. Gesehen hat wohl jeder von uns schon einmal eines, denn auch Eichhörnchen sind wie viele andere Tiere als Kulturfolger schon längst in unseren Siedlungen und Städten angekommen. Dort leben sie in Parks, Gärten oder auf Friedhöfen.

Ihr angestammter Lebensraum ist eigentlich der Wald, in Mitteleuropa Wälder aller Schattierungen: Nadel-, Laub- und Mischwälder. Betrachtet man ihr gesamtes Verbreitungsgebiet, leben die kleinen Mitglieder der zoologischen Familie Hörnchen aber überwiegend in sogenannten borealen Nadelwäldern. Dieses Verbreitungsgebiet erstreckt sich auf der Nordhalbkugel von fast ganz Europa einschließlich Großbritanniens und Irlands über große Teile Nordasiens vom Ural ostwärts bis an die Pazifikküsten Kamtschatkas, Koreas und Chinas. Offiziell heißt der kleine Kobold mit dem langen, buschigen Schwanz und den im Winter ausgeprägten Pinselohren deshalb auch Eurasisches Eichhörnchen. Und die genannte Verbreitungszone prägen vor allem recht homogene Nadelwälder aus Fichten-, Kiefern-, Tannen- und Lärchenarten.

Viel Verwandtschaft in Übersee

Wenn es Eurasische Eichhörnchen gibt, muss es wohl auch andere geben, und tatsächlich hat unser Eichhörnchen weltweit eine Vielzahl von Verwandten. Die meisten davon tummeln sich auf dem nord- und südamerikanischen Kontinent. In Teilen Südeuropas sowie im Kaukasus und in Vorderasien lebt noch das „Kaukasische Eichhörnchen" und nur in Japan – wenig überraschend – das „Japanische Eichhörnchen". Dank seiner Einführung durch den Menschen hat es auch das „Grauhörnchen" von Nordamerika nach Großbritannien, Irland und Italien geschafft – und zum Dank dafür im Vereinigten Königreich den heimischen Eurasier nahezu verdrängt.

Vielfarbig, klettertauglich und namenreich

Kennzeichnend für das Eichhörnchen sind, außer dem erwähnten Schwanz und Haarpinseln an den Ohren, ein hellrotes bis braunes Rückenfell und eine exakt davon abgegrenzte, cremefarbene bis weiße Bauchseite. Das Winterfell ist sinnvollerweise wesentlich dichter als das Sommerhaar und tendenziell etwas dunkler gefärbt. Auch die rotbraunen Ohrpinsel sind mit bis zu dreieinhalb Zentimeter Länge im Winter ausgeprägt, im Sommer deutlich kürzer oder gar nicht vorhanden.

Die beschriebene Färbung gilt für die vorherrschende Eichhörnchen-Standardausführung. Neben den klassischen rotbraunen Tieren gibt es allerdings auch braungraue, graurote, schwarz gefleckte und, lokal gehäuft, ganz schwarze Farbvarianten. Alle Ausführungen haben aber einen weißen Bauch und zählen zur selben Art.

Der buschige Schwanz, der fast so lang ist wie das restliche Tier, ist weit mehr als nur ein schickes Anhängsel. Dem kletternden Eichhörnchen verschafft er die nötige Balance, und bei den waghalsigen Sprüngen von Ast zu Ast und von Baum zu Baum dient er ihm als Steuerruder. Des Weiteren wird er als Kommunikationshilfe untereinander eingesetzt. Und nicht zuletzt hat der Schwanz Bedeutung für die Wärmeregulierung: Wenn es sich zusammenrollt, kann sich das Eichhörnchen komplett damit bedecken.

Zu ihren akrobatischen Showeinlagen an Baumstämmen und in Baumkronen befähigt die Wirbelwinde natürlich nicht nur ihr haariges Heckruder. Ohne Spikes an den Füßen könnte das trotzdem nicht klappen: Die Evolution hat die Tiere mit überproportional langen und kräftigen Hinterbeinen ausgestattet und ihren Pfoten lange, gebogene Krallen an beweglichen Finger- und Zehengliedern spendiert. Mit dieser Ausrüstung klappt kletter- und sprungtechnisch eigentlich alles hervorragend – bis hin zum senkrechten Kopfunter-Abstieg an glatten Stämmen wie denen der Buche. In Siedlungen hat man Eichhörnchen schon an Hauswänden hochklettern sehen …

Der Fassadenkletterer wartet aber nicht nur in puncto Farbe mit unterschiedlichen Varianten auf, sondern auch hinsichtlich ihrer regional kursierenden Namen. Mit dem Dachs können sie da durchaus in Konkurrenz treten: Eichkätzchen, Eichkatzl, Eichkater, Baumfuchs und Eichhalm sind nur ein paar Beispiele.

*Das Farbspektrum des
Eichhörnchens ist breit.*

Zapfenpflücker auf eigene Rechnung

Der überwiegende Teil der Eichhörnchennahrung ist pflanzlicher Natur und besteht aus energiereichen Früchten und Samen. Seine besondere Leidenschaft gilt denen von Buche, Eiche, Kiefer, Ahorn und Fichte, aber auch Kastanien, und außerdem Nüssen. Knospen, Blüten und Pilze runden den Speiseplan ab. Die Baumfrüchte und -samen verspeisen die Tiere hoch oben im Baum und lassen etwaige Überreste dann zu Boden fallen.

Mit ihrer Begeisterung für Fichtenzapfen sind Eichhörnchen nicht allein: Auch Mäuse und Vögel wie zum Beispiel Buntspecht und Fichtenkreuzschnabel tun sich daran gütlich. Wer einen abgenagten Zapfen findet und genauer hinschaut, kann erkennen, wer da seinen Hunger gestillt hat: Während Mäuse die Zapfenschuppen fein säuberlich abnagen, zupft das Eichhörnchen sie in der Regel ab und hinterlässt eine recht ausgefranste Zapfenachse oder -spindel. Der Specht klemmt die Zapfen irgendwo ein, bevor er sich daran zu schaffen macht. Unter solch einer Werkbank finden sich dann meist mehrere bearbeitete Werkstücke. Ernährungstechnisch auf Fichten- und Kiefersamen spezialisiert ist der Fichtenkreuzschnabel. Er spreizt die Zapfenschuppen ab und kassiert nur den eigentlichen Samen an deren Basis. Die Schuppen sind zum Teil aufgeschlitzt, verbleiben aber an der Spindel.

Kleiner Exkurs: Die Zapfen der Tanne, ob nun benagt, beknabbert oder nicht, wird man fast nie am Boden finden. Der im Volksmund gängige Begriff „Tannenzapfen" meint eigentlich die Samenstände der Fichte. Ihre Zapfen nämlich fallen komplett zur Erde, bevor sich die Schuppen mit den Samen lösen. Machen sich dagegen die Schuppen der Tanne selbstständig, sind ihre Zapfen noch weit oben im Baum – eine nackte Spindel bleibt am Ast zurück. Weiterer Unterschied: Tannenzapfen stehen aufrecht auf den Zweigen, währen die Zapfen der Fichte hängen.

Allerliebster Vogelfeind

So putzig das Eichhörnchen mit seinem koboldhaften Aussehen, dem Männchen-Machen, seinen ruckartigen Bewegungen und dem ulkigen Geschnatter auf uns wirkt, so wenig beliebt ist der Allesfresser in der Vogelwelt. Nester zu plündern, beherrscht er aus dem Effeff, denn auch mit Eiern oder bereits geschlüpften Jungvögeln bestreitet er einen Teil seiner Ernährung. Wie nachteilig der Einfluss auf die Vogelwelt dabei ist, weiß man nicht so ganz genau. Aas nehmen Eichhörnchen nur selten, aber sie tun es. Ein besonderes Erlebnis dazu werde ich wohl nie vergessen.

Eiskalt ist es seit Tagen, so kalt, dass bei jedem Ausatmen dicke Wolken vor dem Gesicht stehen. Dazu ein wolkenloser Himmel, aus dem in diesem Winter noch kaum Schnee gefallen ist. Ich drehe die allmorgendliche Hunde-Runde im Wald, nicht weit entfernt von meiner Wohnung. Senior Krabat und Junior Lorbass laufen frei. Mal vor, mal hinter mir, denn auch der Jungspund hat schon begriffen, dass Spazierengehen und Jagen zwei verschiedene Paar Schuhe sind. Und dass er bei unserem morgendlichen Ritual auf immer den gleichen, auch von anderen Menschen genutzten Wegen seine Jagdpassion nicht ausleben darf. Das klappt meist ganz gut, wenn nicht irgendeine ganz besonders frische Spur oder Wild in unmittelbarer

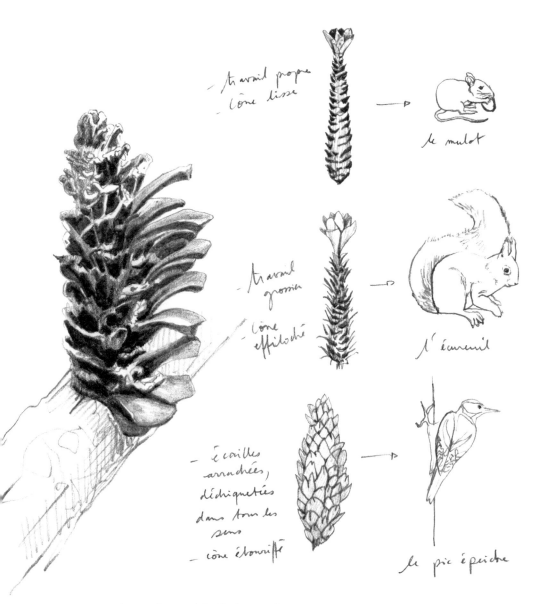

- travail propre
- cône lisse

le mulot

- travail grossier

- cône effiloché

l'écureuil

- écailles arrachées, déchiquetées dans tous les sens
- cône étouriffé

le pic épeiche

An der Zapfenspindel sollt ihr sie erkennen …

Nähe lockt und der Chef kurz nicht aufpasst. Regelmäßig jedoch brennen Lorbass und sogar noch dem erfahrenen Krabat die Sicherungen durch, wenn Eichhörnchen ganz provokant den Weg queren und dann deutlich sichtbar irgendeinen Baumstamm hinaufflitzen. Da gibt es für beide kein Halten und sie stellen sich unter den Baum und schicken ihren Zorn über die Unerreichbarkeit der flinken Kletterer in Form grimmigen Gebells in die Baumkrone. Doch zum Glück spielt sich das ja nur wenige Meter neben dem Weg ab, sodass sie bald wieder bei mir sind.

Aber der Reihe nach. Mit hochgeschlagenem Kragen und fröstelnd laufe ich so dahin, als mich eine Bewegung aus den Gedanken holt: Da schiebt sich etwas den Stamm einer vielleicht 25 Meter entfernten Weißtanne hinauf. Okay, ein Eichhörnchen eben. Oder doch nicht? Wieso sieht das wie ein kletterndes „T" aus, was ist denn da quer vor dem Kopf des Tieres?

Doch, es ist ein Eichhörnchen, aber wenn mich nicht alles täuscht, hält es einen ziemlich großen Vogel in seinem Maul – wie ein Hund ein überdimensioniertes Apportier-Dummy! Und Pinselohr hat damit wohl auch seine liebe Last, denn ganz so flott wie sonst klappt es mit dem Aufstieg nicht. Ist das denn wirklich ein Vogel? Sicher, Eichhörnchen schnappen sich gerne Jungvögel, aber sie fangen doch keine ausgewachsenen Drosseln und schleifen sie durch die Gegend …?

In mein gebanntes Starren platzt Lorbass: Auch er hat das Eichhörnchen wahrgenommen, wie der Wind ist er bei dem Baum und lässt sein grimmig-tiefstes Bellen ertönen. Das Eichhörnchen ist beeindruckt: Es lässt seine Last fallen und gewinnt ohne sie in gewohnter Höchstgeschwindigkeit unter schnalzend-schimpfendem „Tjuck-tjuck-tjuck" schnell an Höhe.

Schade für das Eichhörnchen, gut für mich. Jetzt kann ich mir sein „Apportl" genau anschauen … Und tatsächlich, es ist eine ausgewachsene Misteldrossel! Ganz eindeutig, wenn auch kaum zu glauben. Der Vogel ist allerdings stocksteif gefroren, und, nun ja, ihm fehlt ein Auge. Er wurde also sicher nicht vor kurzer Zeit von dem Eichhörnchen überwältigt, sondern hat sein Leben schon vor längerer Zeit ausgehaucht. Das Eichhörnchen, so vermute ich, hat die Drossel einfach gefunden und wollte sich den Happen sichern. „Einem geschenkten Vogel schaut man nicht ins Auge", oder wie war das noch? Allzu wählerisch dürfen die Baumakrobaten bei solch einer strengen Kälte jedenfalls nicht sein.

Winterruhe mit Vorbereitung

Bei solchen Minustemperaturen einen Eichkater zu Gesicht zu bekommen, ist ohnehin eher selten, denn auch diese Tiere halten eine Winterruhe. Um da unbeschadet hindurchzukommen, fressen sie sich nicht wie der Dachs im Herbst vorsorglich dick und rund, sondern legen kleine Wintervorräte an, auf die sie in Wachphasen zurückgreifen. Diese Nahrungsreservoirs befinden sich einfach in Löchern im Boden, oft in der Nähe einer Baumwurzel, in Rindenspalten oder in Astgabeln. Diese Vorratshaltung beobachtet man nur in den Laub- und Laubmischwäldern unserer Breiten, denn im borealen Nadelwald ist sie nicht nötig. Dort gibt es Fichten- und Kiefernzapfen rund ums Jahr in Hülle und Fülle.

Kugelappartements

Ob bei der Winterruhe oder als sommerliche Bettstatt mit Aussicht, geschlafen wird in selbst gebauten „Kobeln", seltener in verlassenen anderen Höhlen wie denen des Schwarzspechts. Kobel heißen die kugelförmigen Nester von 30 bis über 40 Zentimeter Durchmesser, die die Eichhörnchen kunstvoll in eine Astgabel aus Zweigen, Nadeln und Blättern bauen. Nicht selten nutzen die Tiere auch verlassene Vogelnester als Fundament für ihren Kobel.

Innen polstern sie die kugeligen Einzimmerwohnungen mit Moos, Blättern und Gras aus, sodass der bewohnbare Innenraum am Ende nur etwa 15 Zentimeter im Durchmesser misst. Die entsprechend starken Wände sind nahezu wasserdicht und sorgen im Winter für wohlige Wärme. Anders als Vögel steigen Eichhörnchen von unten in ihr Nest. Aus Sicherheitsgründen statten sie ihre Kobel mit mindesten zwei Ein- beziehungsweise Ausgängen aus – ein Fluchtweg muss sein. Außerdem haben sie oft mehrere Kobel in Benutzung. Einen Kobel bewohnt jeweils nur ein Eichhörnchen. Mit einer Ausnahme: In den sogenannten Wurfkobeln wohnen die Weibchen mitsamt Nachwuchs.

In heißen Sommern tun es die Eichkatzerln übrigens unseren südeuropäischen Nachbarn gleich: Sie halten ausgiebig Siesta.

Erstmals auf Tuchfühlung mit den Damen gehen die Männchen Ende Januar oder Anfang Februar. Ist ein Weibchen noch lustlos, kommt es zu handfesteren Auseinandersetzungen. Kommt Sex aber grundsätzlich infrage, werden wilde, aber friedliche Verfolgungsjagden veranstaltet. Ob ein Männchen nach tagelanger Werbung „darf", entscheidet das Weibchen. Bald darauf zieht Er dann auch wieder seiner Wege und versucht sein Glück noch bei anderen Weibchen. Die Jungen allein aufzuziehen, ist ausdrücklicher Wunsch der Mutter. Bleibt ein „Lover" in ihrer Nähe, schickt sie ihn spätestens kurz vor der Geburt der Jungen in die Wüste. Und das zur Not mit unmissverständlichen Bissen.

Nach knapp 40 Tagen Tragzeit schenkt eine Eichhörnchen-Mutter ihrem Nachwuchs das Leben, jedes der zwei bis fünf Kinder wiegt bei der Geburt stattliche achteinhalb bis zehn Gramm. Als Nesthocker kommt der Nachwuchs unbehaart zur Welt, Augen und Ohren sind noch nicht einsatzfähig.

Nach rund sechs Wochen verlassen sie erstmals das Nest, zwei bis vier Wochen später brauchen sie dann keine Muttermilch mehr. In der Nähe des Geburtskobels bleiben sie aber noch einige Monate – und sind vor allem in den ersten sechs Monaten ihres Lebens vielen Gefahren ausgesetzt. Nur etwa 20 Prozent der Jungtiere überleben das erste Jahr.

Zu den Fressfeinden des Eichhörnchens zählt unter anderem der nachtaktive Baummarder, der die Tiere gern im Schlaf überrascht. Jungtiere fallen in den Kobeln auch Wieseln zum Opfer. Gejagt werden Eichhörnchen außerdem von Habicht, Mäusebussard sowie Uhu, in Parks und Gärten sind unsere Hauskatzen ihre größten Feinde. Greifvögeln entkommen die Kletterkünstler oft erfolgreich, indem sie um den Baumstamm herumlaufen. Ultima Ratio ist, sich aus großer Höhe zu Boden fallen zu lassen, denn das überstehen sie unbeschadet.

Wie kam es eigentlich zu der Redensart „Der Teufel ist ein Eichhörnchen"? Sie bedeutet ja so viel wie „Unverhofft kommt oft", und mit dem Unverhofften ist dabei Unangenehmes gemeint. Die Redewendung ist schon sehr alt und stammt aus einer Zeit, als man glaubte, dass sich der Leibhaftige selbst in kleinen, harmlosen Wesen wie dem Eichhörnchen zeige.

Waldmaus

- le Mulot sylvestre -
Jean de Lefrançois

MÄUSE UND BILCHE –
KLEINE NAGER MIT GROSSEN
UNTERSCHIEDEN

DER FUCHSRÜDE HAT ES OFFENBAR EILIG, denn er trabt zügig auf dem Feldweg in Richtung Wald und vermutlich zurück zu seinem Bau. Es ist schon geraume Zeit hell und seine Fähe wie auch die Jungen werden hungrig sein. Vielleicht nehmen jetzt, Anfang April, auch die Welpen schon feste Nahrung neben der Muttermilch zu sich. Und der Jagdausflug des Rüden war erfolgreich! Im Fernglas erkenne ich, dass er mehr als eine Maus im Fang trägt. Ich tippe mal auf drei. Was täten die Füchse ohne die kleinen Nager? Jahrein, jahraus bilden Mäuse den Hauptanteil ihrer Nahrung. Nur gut, dass Mäuse auch im Winter aktiv sind, denn dann ist auch für Reineke die Nahrungssuche schwieriger als zu anderen Jahreszeiten.

Mäuse in allen Schattierungen

Die Trippelspuren der kleinen Mäuse im Schnee zu entdecken, ist fast unmöglich: Einmal bewegen sie sich zumeist unter dem Weiß, zum anderen hinterlassen die Leichtgewichte selbst auf hauchdünnen Schneedecken so gut wie keine Abdrücke. Irgendetwas zwischen 20 und maximal 50 Gramm wiegen sie, die einzige Ausnahme macht die Große Wühlmaus – die schafft es bis über 300 Gramm!

Natürlich ist Maus nicht gleich Maus: Unterschieden werden unter anderem „Langschwanzmäuse" oder „Echte Mäuse" mit einem Namen gebenden langen Schwanz und vergleichsweise großen, abstehenden Ohrmuscheln und „Wühlmäuse" mit deutlich kürzerem Schwanz und eher kleinen, manchmal fast völlig im Pelz versteckten Ohren. Trotz aller Wissenschaft und Systematik ist bis heute übrigens ungeklärt, wo die weltweit wohl bekannteste Maus, die Mickymaus, einzuordnen ist.

Neben der allseits bekannten Hausmaus leben im Offenland vor allem die Feldmaus und die Große Wühl- oder (Ost-)Schermaus. Letztgenannte bringt ein Gewicht von bis zu 130 Gramm auf die Waage, sofern sie nur „an Land", das heißt in Wiesen, in Obstanlagen und Gärten lebt. Manche Populationen leben jedoch „aquatisch" in Flüssen, Bächen und Sümpfen. Mit zum Teil über 300 Gramm Gewicht stellen sie die Schwergewichtsklasse des Mäusereichs dar. Landlebende Wühlmäuse sind bei Gartenbesitzern und den Betreibern von Baumschulen oder Obstplantagen alles andere als beliebt. Sie leben versteckt in Gangsystemen knapp unter der Erdoberfläche und können durch ihren gefürchteten Wurzelfraß überirdisch große Ausfälle bei den angebauten Pflanzen zeitigen.

Weit größer ist das Spektrum der überwiegend an den Wald gebundenen Mäusearten: Waldmaus, Gelbhalsmaus, Rötelmaus und Brandmaus finden dort auch in der kalten Jahreszeit ihr Auskommen. Die Erdmaus wiederum mag es feucht und eher kühl. Das Ambiente können locker stehende Wälder, Waldwiesen, vergraste Jungwuchsflächen oder Feuchtwiesen sein.

Einen eigentlichen Winterschlaf oder eine Winterruhe kennen die kleinen Nager nicht, bei starkem Frost und Nahrungsknappheit können sie allerdings in einen Erstarrungszustand verfallen, der ihren Energieverbrauch senkt. Die Nester liegen in der Regel unter der Erdoberfläche, werden im Winter mitunter von mehreren Tieren bewohnt und schützen so vor allzu grimmiger Kälte. Dem Risiko Nahrungsmangel beugen Mäuse überdies durch Hamstern, das Anlegen von Vorräten für den Winter, vor. Von denen leben sie allerdings nur, wenn sonst gar nichts mehr geht.

Kurzlebig, aber fruchtbar

Viel Zeit für lange Schlaf- oder Ruhephasen bleibt den Mäusen ohnehin nicht, denn ihre durchschnittliche Lebenserwartung ist mit zwölf Monaten bis – je nach Art – zwei Jahren recht gering. Das liegt vor allem daran, dass sehr viele vor Erreichen eines hohen Alters den unterschiedlichsten gefiederten und beharten Beutegreifern zum Opfer fallen. Deren Vielfalt ist beeindruckend: Fuchs, Marder, Hermelin, Mauswiesel, Turmfalke, Mäusebussard, Rotmilan, fast alle Eulenarten, Schlangen und Hauskatzen – um nur eine Auswahl zu nennen. Besonders gnadenlos schlägt zum Beispiel die Schleiereule im Offenland zu: 1 500 bis 3 000 Mäuse jährlich gehen Untersuchungen zufolge auf das Konto eines einzigen Vogels.

Grund genug, die kurze Lebensspanne zu nutzen, vor allem, um Nachkommen zu produzieren und so den Fortbestand der Art zu sichern. Also halten sich die kleinen Nager ran: Bereits zwei bis drei Monate nach der Geburt sind sie geschlechtsreif. Die Fortpflanzung findet vor allem in den Frühjahrs- und Sommermonaten statt, in optimalen Jahren kann es aber auch Winter-Sex geben. Eine weibliche Maus bringt es je nach Artzugehörigkeit auf durchschnittlich zwei bis vier Würfe mit jeweils drei bis neun Jungen im Jahr. Besonders flink sind Schermäuse: Sie werden schon nach sechs Wochen geschlechtsreif und schaffen fünf bis sechs Würfe im Jahr.

Was bei diesem rasant getakteten Vermehrungsgeschehen hilft: Mausdamen sind kurze Zeit nach der Geburt der Jungen erneut empfängnisbereit. Kurzum: Die niedlichen Nager tun in ihrem kurzen Leben also für den Erhalt ihrer Art, was sie können.

Rötelmaus

Die eine kann's, die andere nicht

Auch die Fähigkeiten der verschiedenen Mäusearten sind unterschiedlich. Wald-, Gelbhals- und Rötelmaus können hervorragend klettern und springen. Die übrigen Mäusearten kennen diese Disziplinen nicht oder sie beherrschen sie nur amateurhaft.

Wie gut die Profis sind, konnte ich schon ein paarmal beobachten. Vor einigen Jahren versteckte ich mich öfter in einer Hecke am Rand einer Waldwiese, um Dachse zu fotografieren. Zwei Stellen eigneten sich besonders gut dafür. Eine uralte Dachsburg lag in der Nähe und die Erdmarder zeigten sich oft auf dem Grün. In einer meiner beiden Hecken-Höhlen erhielt ich fast immer Besuch von einer Rötelmaus, in der anderen gab sich fast immer eine Waldmaus die Ehre. Ohne Gage zu verlangen, vertrieben mir die Kerlchen die Zeit und führten in unmittelbarer Nähe ihre Kletterkünste vor: Hin und her ging es, von Ast zu Ast, von Strauch zu Strauch, behände und rastlos. Aber wehe, wenn ich mich bewegte, um etwas genauer hinzusehen. Wie der Blitz waren die Vorstellungen beendet und ich wieder allein.

Mit den Ohren sollt ihr sie erkennen

Die Techniken, mit denen ihre Jäger die Mäuse orten und fangen, sind perfekt: Die Schleiereule besitzt wie alle Eulen viele lichtempfindliche Zellen auf der Netzhaut und kann deshalb selbst bei sehr schwachem Licht noch vieles sehen. In absoluter Dunkelheit, wie sie zum Beispiel in Neumondnächten herrscht, nützen ihr die Augen allerdings auch nicht mehr viel. Dann verlässt sie sich ganz auf ihren „Schleier", einen herzförmig angeordneten Federkranz am Kopf. Dieser Schleier bündelt und reflektiert Schwingungen und lässt die Eule Laute wahrnehmen, die um das Zehnfache leiser sind als das, was wir Menschen noch hören können. Die akustische Ortungsmethode der Schleiereule ist so perfekt, dass sie auch vollkommen ohne Unterstützung der Augen eine Maus greifen kann.

Wie schon erwähnt, nutzt ja auch der Fuchs bei Schnee vor allem sein brillantes Gehör und ortet seine Hauptbeute akustisch. Allerdings braucht es meist schon mehrere Anläufe, bis sein akrobatischer Kopfsprung in den Schnee hinein auch von Erfolg gekrönt wird.

Was bei der akustischen Mäusejagd hilft: Die Nager sind relativ geschwätzig. Sie geben sehr hohe, piepsend-zwitschernde Laute von sich, auch im für den Menschen unhörbaren Ultraschallbereich. Anhand der Laute können Fuchs, Schleiereule und Co. die Mäuse orten. Das Mauszwitschern lässt sich recht gut imitieren, wenn ein Flaschenkorken rasch auf etwas feuchtem, zum Beispiel angehauchtem Glas gerieben wird. Tut man dies im Wald, schaut vielleicht sogar Reineke vorbei.

Die Marathon-Schläfer

Endlich hat es geklappt mit dem lang geplanten Waldhütten-Wochenende mit Freundinnen, Freunden und ihren Kindern. Vom Frühjahr bis Herbstmitte war die urige Holzhütte in der Nähe von Ravensburg durchgängig belegt, dann konnten wir selbst keinen passenden gemeinsamen Termin finden, und so ist es Mitte Dezember geworden. Es hat ein wenig geschneit und ist ziemlich kalt. Die einen öffnen die Holzläden und Fenster, um die etwas stickige Luft hinauszulassen, die anderen tragen die Essensvorräte in die Hütte, wieder jemand versucht, den Holzofen in Gang zu bringen.

Siebenschläfer

Plötzlich steht meine Tochter Anne kichernd in der Tür: „Kommt alle mal schnell mit, aber leise." Sie läuft zum etwas abseits gelegenen kleinen Holzschuppen, aus dem sie mehr Brennholz holen wollte. „Schaut mal vorsichtig da rein", sagt Anne nun und deutet auf einen Kaffeepott in einem alten Schränkchen, den irgendjemand hier wohl vergessen hat. Einer nach dem anderen geht zu dem Becher und verzieht sofort das Gesicht zu einem breiten Grinsen. Auf dem Boden des Gefäßes liegt, zu einer Kugel zusammengerollt, ein Gartenschläfer! Wie maßgeschneidert scheint der Kaffeebecher für ihn zu sein, den Boden bedeckt der ungewöhnliche Zwischenmieter vollständig. Und er schläft tief und fest. Immer wieder schauen wir uns das niedliche Kerlchen an, bis wir uns dann zurückziehen. Man schaut schließlich nicht in anderer Leute Schlafzimmer …

Eher Eichhörnchen als Maus

Wenn ihn die große Müdigkeit überkommt, ist der Gartenschläfer in puncto Unterkunft erfinderisch. Er sucht sich Verstecke in bis zu einem Meter tiefen Bodenspalten, überwintert in Vogelnistkästen sowie gelegentlich auch in Häusern oder Schuppen. Auf den ersten Blick könnte man den Nager für eine stattlich geratene Maus halten. Er zählt jedoch zu den Bilchen oder Schläfern beziehungsweise – etwas irreführend – Schlafmäusen. Mit dem Eichhörnchen ist er enger verwandt als mit Waldmaus, Feldmaus und Konsorten. Das gilt auch für die übrigen bei uns vorkommenden Bilche: den Siebenschläfer, den ausgesprochen seltenen Baumschläfer und – wieder irreführend – die Haselmaus.

Kulleraugen und ein behaarter Schwanz

Natürlich unterscheiden sich die Bilche auch untereinander: Der mit rötlich braunem Rücken und heller Unterseite kontrastreich gefärbte Gartenschläfer trägt eine auffällige Zorro-Maske: ein schwarzes Band über den Augen, das bis hinter die Ohren reicht. Beim braungrauen Baumschläfer reicht ein dunkler, weniger auffälliger Augenstreif bis zu den Ohren. Siebenschläfer und Haselmaus sind nicht maskiert und oberseits grau beziehungsweise orangebraun. Mit einer Körperlänge ohne Schwanz von knapp

*Gartenschläfer. Das Bett darf
auch mal eine Tasse sein.*

bis gut einer Männerhand und Sommergewichten von 60 bis 120 Gramm sind Sieben- und Gartenschläfer die größten Bilche, das untere Ende bildet die nur etwa handbreit lange und weniger als 20 Gramm schwere Haselmaus. Unmittelbar vor dem Winterschlaf wiegen dann alle Bilche um ein Beträchtliches mehr.

Bilche versus Mäuse

Bei genauerem Hinsehen werden dann auch die Unterschiede zwischen allen Bilchen und den Mäusen deutlich. Ihr Schwanz ist buschig behaart, im Gegensatz zu dem fast nackten der Mäuse. Die schwarzen Augen sind auffallend groß. Wie die langen Tasthaare sind sie eine Anpassung an die ausschließlich nächtliche Aktivität der Bilche. Wer noch genauer hinschaut, kann außerdem die saugnapfartig ausgeformten Fußsohlen erkennen. Diese Sohlen und die drehbaren Knöchel der Hinterfüße machen die Bilche zu fulminanten Kletterern.

Schlafen ist ihre Leidenschaft

Neben diesen äußerlichen Merkmalen unterscheiden sich die Tiere auch in der Lebensweise stark von Mäusen. Die Schläfer machen ihrem Familiennamen alle Ehre, sie sind regelrechte Schlafkünstler. Nachdem die Tiere vorausschauend Fettreserven angelegt haben, beginnt im September, Oktober der winterliche Schlafmarathon, und er dauert sechs oder sogar sieben Monate. Es ist ein echter Winterschlaf, nicht nur eine Winterruhe: Die Körpertemperatur der Tiere fällt bis nahe an den Gefrierpunkt, ihre Herzfrequenz sinkt von sommerlichen 450 Schlägen pro Minute auf etwa 35 Schläge, und zwischen zwei Atemzügen können Minuten vergehen.

Wer glaubt, dass ein halbes Jahr Schlaf doch genügen müsse, unterschätzt die Meister der Inaktivität. Bei kurzfristigen Kälteeinbrüchen können auch Bilche wie Mäuse in einen mehrere Stunden oder Tage andauernden Erstarrungszustand, den sogenannten Torpor, verfallen. Doch nicht nur Kälte macht müde: In Südeuropa halten die leidenschaftlichen Schläfer bei Nahrungsmangel und großer Trockenheit auch einen Sommerschlaf.

Haselmaus

muscardin

Eine Kugel gegen die Kälte

Dass sich der winterliche Becher-Schläfer in der Waldhütte zu einer Kugel zusammengerollt hatte, lag nicht an der Form des Quartiers. Die anderen Bilche machen es in ihren Winterquartieren ebenso, wie sich überhaupt fast alle Tiere bei Kälte möglichst eng zusammenrollen. Je mehr Köperoberfläche der kalten Umgebung ausgesetzt ist, desto mehr Wärme verliert der Körper. Das in diesem Punkt günstigste Verhältnis zwischen Oberfläche und Volumen hat von allen geometrischen Formen die Kugel: So ergibt es Sinn, dass die kleinen Winterschläfer mit ihrem Körper eine möglichst perfekte Kugel bilden wollen. Zumal sie aufgrund ihrer geringen Größe trotzdem noch verhältnismäßig viel Wärme verlieren. Denn je kleiner eine Kugel ist, desto mehr verändert sich das Verhältnis Volumen-Oberfläche zugunsten der Oberfläche. Große Tiere wie zum Beispiel ein im Korb zur Kugel zusammengerollter Schäferhund verlieren relativ gesehen weniger Wärme als eine kugelförmige Haselmaus. So verlieren die Tiere trotz aller Sparmaßnahmen bis zur Hälfte ihres herbstlichen Ausgangsgewichts. Und längst nicht alle erwachen aus dem Winterschlaf. Besonders hoch ist der winterliche Verlust unter den Jungtieren.

Leicht verdaulich – ein Muss

Im Frühjahr heißt es für die Überlebenden, die Körperreserven wieder aufzufüllen. Und auch hier zeigt sich ein Unterschied zu den Mäusen: Bilche besitzen als einzige Nagetiere keinen Blinddarm und sind deshalb stärker als Mäuse auf leichter verdauliche und gehaltvollere Nahrung angewiesen als die Nager. Auf ihrem pflanzlichen Speiseplan stehen überwiegend Früchte, Nüsse, Samen und Knollen. Je nach Jahreszeit und vor allem im Herbst, wenn erneut ein Speckmantel angefuttert werden muss, gibt es auch Fleisch in Form von Insekten, Spinnen und Regenwürmern. Dabei gibt es kleine Unterschiede: Der Gartenschläfer setzt vergleichsweise stärker auf tierische Kost als zum Beispiel der Siebenschläfer. Obst mag er aber auch, und deshalb stellte man ihm, wie seiner gesamten Verwandtschaft, in Obstanbaugebieten lange nach. Der Siebenschläfer beschafft sich seine Nahrung gern in luftiger Höhe, der Gartenschläfer sucht auch am Boden, während die Haselmaus vor allem in Sträuchern unterwegs ist.

Keine Eile bei der Fortpflanzung

Nimmt man die Lebenserwartung als Maßstab, scheint die Lebensweise der Bilche kaum erfolgreicher als die der Mäuse: Mit einer durchschnittlichen Lebensdauer von zwei bis fünf Jahren gibt es unter ihnen auch keine Methusalems. Das liegt vor allem an ebenjenen hohen Winterverlusten. Und da sie nicht so vermehrungsfreudig sind wie Mäuse, gibt es von ihnen deutlich weniger.

Zum ersten Mal pflanzen sie sich je nach Art erst nach dem ersten oder zweiten Lebenswinter fort, und das auch nur einmal jährlich. Nur die Haselmaus bekommt im Sommer zweimal, manchmal sogar dreimal Junge. Bei allen Bilchen sind es etwa drei bis sechs pro Wurf. Da ist es gut, dass sie vor hungrigen Fressfeinden über Monate in ihren Winterverstecken einigermaßen sicher sind. Werden sie aufgestöbert, sind sie allerdings vollkommen ungeschützt. Zum Glück haben es nicht ganz so viele Raubtiere auf sie abgesehen wie auf die Mäuse. Die ausschließlich bei Dunkelheit aktiven Tiere werden vor allem von verschiedenen Eulenarten, dem Marder und gelegentlich auch von Fuchs und Hermelin erbeutet.

TAUBEN – VIELBRÜTER IN NESTERN UND HÖHLEN

DEN BEIDEN URSPRÜNGLICH IM WALD lebenden Wildtaubenarten Deutschlands, der Ringel- und der Hohltaube, muss in einem Buch mit dem Titel „Winterwald" unbedingt ein Kapitel gewidmet werden. In unseren Breiten sind sie nämlich überwiegend „Standvögel": Vögel also, die das ganze Jahr über in ihrem Lebensraum bleiben und allenfalls bei Nahrungsknappheit in die nähere Umgebung „verstreichen".

Hohltauben

Heimatvögel und Wintergäste

Allgegenwärtig ist die Ringeltaube. Sie lebt in Waldlandschaften, brütet aber auch auf Einzelbäumen, in Büschen, ja sogar in Dünen oder am Boden in Getreidefeldern. Bruten in Siedlungsbereichen sind seit etwa 200 Jahren aus Europa bekannt. Im Winter ist die Ringeltaube noch häufiger zu sehen, denn jetzt leisten ihr Artgenossen aus den nördlichen und östlichen Brutgebieten Europas Gesellschaft. Die nämlich fliegen als „Kurzstreckenzieher" für ein paar Monate nach Westeuropa oder in den Mittelmeerraum. So sind dann bei uns mitunter Schwärme aus Gast- und Standvögeln bei der Nahrungssuche in der freien Feldflur zu beobachten.

Auch Hohltauben, die in kälteren Regionen brüten, verlassen im Winter den Norden und Nordosten Europas. Sie überwintern vor allem im Mittelmeerraum, zunehmend aber auch in Deutschland. Dennoch ist diese eher unscheinbare Wildtaubenart – trotz ihres erfreulicherweise vermehrten Vorkommens – immer noch wesentlich seltener zu sehen als die Ringeltaube.

Zugezogene und Wegziehende

Den Reigen der heimischen Wildtauben komplett machen Turtel- und Türkentaube, doch sie wird man im winterlichen Wald kaum antreffen. Die Türkentaube mit dem typischen schwarzen Nackenring meidet den Wald und lebt als ausgeprägter Kulturfolger in Parks und Gärten, immer in der Nähe von Siedlungen oder auch mitten in ruhigen Wohngebieten. Sie wanderte erst ab den 1930er-Jahren aus ihrem ursprünglichen Verbreitungsgebiet, das von der europäischen Türkei bis nach Japan reichte, nach Europa ein.

Die Turteltaube wiederum verlässt im Winter auch Deutschland und lebt bis zur nächsten Brutsaison in geringer Zahl im Mittelmeergebiet, zum deutlich überwiegenden Teil aber in Afrika. So hat sie sich die Bezeichnung Langstreckenzieher redlich verdient. Charakteristisch für ihr Äußeres sind die geringe Größe, die mittel- und schokoladenbraun getupften Flügeldecken und schwarze Schrägstreifen an den Halsseiten. Diese kleine Taube in Deutschland zu sehen, wird auch im Sommer immer schwieriger. Seit Beginn der 1980er-Jahre geht ihr Bestand in Europa so dramatisch zurück wie bei kaum einer anderen Vogelart.

Graue Mäuse mit ein paar Hinguckern

Im Vergleich zu den hübschen Turteltäubchen, die mit ihrem Namen Paten für romantische Liaisons zwischen uns Zweibeinern stehen, kommen Ringel- und Hohltaube eher schlicht daher: Das Gefieder der Ringeltaube als größte unserer Wildtauben hat eine unscheinbare schiefer- bis blaugraue Färbung und zeigt nur im Kropfbereich und auf der Brust einen rötlichen Anflug. An den Halsseiten hat sie immerhin zwei auffällige weiße Flecken mit einem grünlich schimmernden Band darüber zu bieten. Es sind tatsächlich nur Flecken und keine geschlossenen Ringe, sodass sie eigentlich „Fleckentaube" heißen müsste, wenn man es genau nimmt. Und den Jungvögeln im Jugendkleid fehlen auch diese Flecken noch.

Auf den Flügeloberseiten besitzen aber Senioren wie Junioren typische weiße Bänder. Breiten die Vögel ihre Flügel im Flug aus, sind diese von vorn nach hinten laufenden Streifen gut zu sehen, an den zusammengelegten „Tragflächen" aber nur andeutungsweise an deren Unterkante zu erkennen.

Noch dezenter kommt die Hohlraube daher. Ihr blaugraues Federkleid mit schwach rötlich orangefarbenem Anflug auf der Brust zeigt auf den zusammengelegten Flügeldecken nur kurze, hervorstechende schwarze Binden. Am auffälligsten sind da noch die metallisch grün schimmernden Halsseiten.

Die Show des Ringeltaubers

Ein Samstagnachmittag Mitte Februar, ich möchte einen Freund besuchen. Der kürzeste Weg zu ihm führt durch den Stadtwald. Nach einem feinen Mittagessen bin ich guter Laune und singe ein Liedchen vor mich hin. Das scheine ich ganz gut hinzubekommen, denn plötzlich ertönt über mir kurzer Applaus. Über mir?

Da war ich wohl zu eitel, das war kein Applaus für mein laienhaftes Geträller, sondern ein abfliegender Ringeltauber. Er scheint schon im Balzmodus zu sein. Das ist ungewöhnlich früh, beginnt die Balz in der Regel doch erst im März oder April. Bei Ringeltauben in der Stadt aber manchmal schon im Winter – quod erat demonstrandum. Ob Winter oder Frühling, wenn es so weit ist, lässt sich Herr Täuberich in puncto Imponiergehabe nicht lumpen. Lautes Flügelklatschen gehört ebenso dazu wie ein beeindruckender wellenförmiger Balzflug. Von hoher Warte fliegt der Tauber dabei mit geräuschvollem Flügelschlag 20 bis 30 Meter steil nach oben und mit waagerecht gehaltenen Flügeln und gespreiztem Schwanz geht es dann abwärts. Weil das offenbar Eindruck macht, wiederholt er in der Regel gleich mehrere dieser Manöver. Und zuletzt lässt er zur Balzzeit ein gedämpft heiser klingendes Liebesgurren, „Huh-hruu" ertönen, das sich vom üblichen Revierruf unterscheidet. Der dauert länger und ist bis zu 300 Meter weit zu vernehmen. Dieses sogenannte „Rucksen" hat wohl jeder Mensch schon mindestens einmal gehört. Doch mit Rufen und schicker Flugakrobatik allein lässt sich die Damenwelt nicht herumkriegen. Der Tauber muss sich schon auch um eine Bleibe kümmern und bietet daher verschiedene Nistplätze an. Welcher der Standorte genehm ist und den Zuschlag erhält, entscheidet das Weibchen.

Auch in der Balz gibt sich die Hohltaube bescheidener. Ihr Ruf ist leise und nur zweisilbig. Das Balzgebaren des Taubers beschränkt sich auf höfliche Verbeugungen vor der Auserwählten. Später geht es allerdings recht zärtlich zu: Schnäbeln und Gefiederkraulen zwischen den Partnern gehen der Paarung selbst voraus.

Muttermilch der besonderen Art

Wie alle Wildtauben führen auch Ringel- und Hohltaube eine sogenannte Saisonehe. Die Elterntiere bleiben einander für eine Brutphase treu und kümmern sich paritätisch um die Jungenaufzucht. Dazu gehören 16 bis 18 Tage Brutzeit und weitere rund 28 Tage, die die Jungen im Nest verbringen. Voll flugfähig ist der Nachwuchs dann mit etwa fünf Wochen.

Hinsichtlich ihrer Babynahrung genießen alle frisch geschlüpften Tauben einen Sonderstatus in der Vogelwelt: Sie erhalten Milch! Doch halt, nein, keine Muttermilch, wie wir sie von Säugetieren kennen, sondern eine sogenannte Kropf- oder Taubenmilch. Dieses fettige Sekret wird während der Brutzeit im Kropf der Elterntiere gebildet und besteht überwiegend aus Wasser, zu geringeren Anteilen aus Eiweiß und Fetten. Die Eltern würgen das Sekret hoch und füttern ihre Jungen in den ersten Lebenstagen damit. Pflanzliche Nahrung gibt es für die Youngsters allerdings auch schon bald.

Ringeltauben

Die Eierzahl ist festgelegt

Eine weitere Besonderheit der Tauben, wenn auch nicht auf sie allein beschränkt, ist die „Eikonstanz", wie es Biologen nennen. Wildtauben legen grundsätzlich zwei Eier, niemals nur eines oder drei. Wie oft sie das in einer Brutsaison tun, hängt dann wieder von der jeweiligen Art ab. Ringel- und Hohltauben brüten meist zweimal, mitunter dreimal im Jahr – die Turteltaube tut es ein- bis zweimal, Rekordhalter mit bis zu fünf Bruten ist die Türkentaube.

Ein Höhlenbrüter von Schwarzspechts Gnaden

Ein großer Unterschied zwischen Ringel- und Hohltaube besteht allerdings in der Frage, wo diese Jungen großgezogen werden. Während Ringeltauben wie auch Turtel- und Türkentauben selbst Nester bauen, ist für Hohltauben ihr Name Programm. Der Name bezieht sich nicht etwa auf eine vermeintliche innere Leere der Vögel, sondern leitet sich von dem Wort Höhle ab.

Diese Taube ist ein Höhlenbrüter und müsste eigentlich jeden Morgen dem lieben Gott dafür danken, dass es den Schwarzspecht gibt. Auf die Tätigkeit des emsigen Zimmermanns ist sie in hohem Maße angewiesen, denn sie bezieht bevorzugt dessen ehemalige Wohnstätten als Nachmieterin. Eher selten nutzt sie auch einmal Buntspechthöhlen. Wo vorhanden, nimmt sie aber auch Nistkästen an, wenn diese die richtigen Maße haben.

Sich selbst eine Höhle zu zimmern, schafft sie mit ihrer anatomischen Ausstattung nicht. Abgesehen von weiteren Spezialaccessoires des Schwarzspechts fehlt ihr auch der passende Schnabel. Der ist zwar recht kräftig, aber doch bei Weitem nicht zur Holzbearbeitung geeignet.

Körner und Samen an erster Stelle

Tauben haben einen sogenannten Körnerfresser-Schnabel, der zu ihrer nahezu ausschließlich pflanzlichen Nahrung passt. Getreidekörner und Grassamen stehen auf dem Speisezettel ganz oben. Die Ringeltaube sammelt ihre Kost nicht nur auf dem Erdboden ein, sondern im Gegensatz zu den meisten übrigen Tauben Mitteleuropas auch auf Bäumen und Sträuchern. Sie frisst zu nennenswerten Anteilen auch Eicheln und Bucheckern. Daneben weiß sie aber noch ein breites Spektrum des regional jeweils vorhandenen Angebots zu nutzen: grüne Blätter, die Knospen und die Blüten verschiedener Pflanzen, Beeren und andere Früchte, aber auch Wurzelknollen von zum Beispiel Kartoffeln oder Rüben. Ab und zu darf es aber mit kleinen Schnecken oder Insekten auch mal weniger vegetarisch sein. Futterneid kennen Ringeltauben nicht: Außerhalb ihrer Reviere sind sie gesellig und gehen oft in Schwärmen zu Tisch.

Auch die Hohltaube nimmt längere Wege für ein gutes Speiselokal in Kauf. Bis zu zwei Kilometer weit fliegt sie, um sich auf Äckern, niedrig bestandenen Gründlandflächen und Waldlichtungen vor allem an Getreide- und Grassamen sowie den Früchten von zum Beispiel Heidel- und Himbeere gütlich zu tun.

Im Gegensatz zu anderen Vogelarten mit ähnlichen kulinarischen Vorlieben können Ringel- und Hohltaube Körner und Samen nicht aus ihren Hüllen pulen. Also werden diese wie auch gelegentliche fleischliche Snacks kurzerhand komplett verschluckt.

„Auf jeder Feder ein Auge"

Wenngleich Vögel generell Augentiere sind und zumeist hervorragend sehen können, gilt das für Tauben in besonderem Maße. So jedenfalls scheint es Jägerinnen und Jägern, die eine gute zubereitete Taubensuppe oder zarte Taubenbrüstchen zu schätzen wissen und sich den „Rohstoff" selbst beschaffen möchten. Der kann nur von Ringel- oder Türkentauben stammen, denn nur diese Arten haben überhaupt eine Jagdzeit, die im Herbst und Winter liegt. Einen schon früh im Jahr rufenden Ringeltauber anzupirschen oder unter Bäumen dort einfallende Tauben abzupassen, ist wahrlich kein leichtes Unterfangen. Allzu oft nehmen die Tauben den Jäger zu früh wahr und – Gefahr erkannt, Gefahr gebannt – fliegen weg beziehungsweise drehen ab. Nicht von ungefähr kursiert unter Jägersleuten der Spruch: „Tauben haben auf jeder Feder ein Auge."

Gefiederte Fressfeinde

Sehen wir einmal von den jagenden Zweibeinern ab, ist in unseren Breiten der Habicht der Hauptfressfeind von Ringel- und Hohltaube. Die Ringeltaube liegt unter den Top Five der meisterbeuteten Tiere, nicht zuletzt ihrer

Nachts holt sich der Uhu die eine oder andere Taube.

weiten Verbreitung und ihrer Häufigkeit wegen. Unter den Eulen weiß vor allem der Uhu Tauben zu schätzen. Weniger häufig erbeuten andere Greifvögel wie Sperber oder Wanderfalke Wildtauben.

Es ist aber nicht so, dass der elegante Wanderfalke sein Glück nicht auch auf Tauben versuchte. Das tut er – mit mäßigem Erfolg. Während des Studiums hatte ich vor gut 30 Jahren nicht nur einmal die Gelegenheit, solche Versuche und das faszinierende Jagdverhalten des Wanderfalken zu beobachten.

Satz mit X – das war wohl nix

Die zweite Maihälfte ist angebrochen, und wie schon in den beiden Vorjahren sind ein Studienkollege und ich von der „Arbeitsgemeinschaft Wanderfalkenschutz" in einem steilen Schwarzwälder Tal zur Horstbewachung eingeteilt. Der Wanderfalke ist akut in seiner Existenz bedroht, eine der Ursachen sind Nachwuchsprobleme: Es mangelt an geeigneten ungestörten Brutfelsen, und selbst dort, wo gebrütet wird, kommen nur wenige Jungvögel hoch, nicht zuletzt wegen starker Pestizidbelastung der Altvögel und der damit verbundenen hohen Ausfallquoten unter den Eiern. Eine weitere Ursache ist aber die illegale, sogenannte Aushorstung. Ausgefuchste Profis haben sich darauf spezialisiert, Eier oder Jungvögel aus den Wanderfalkenhorsten zu stehlen. Die Beute wird sofort in Wärmeboxen oder Brutkästen gepackt und später vorwiegend ins Ausland an Beizjäger verkauft, die vor allem den Wanderfalken als Jagdgefährten begehren. Horrende Preise werden da erzielt. Um zumindest diese Verlustquelle etwa auszutrocknen, bewachen Freiwillige einige Horste während der Brutsaison. Das geschieht aus großer Entfernung mit Spektiven und an einzelnen Horsten sogar mit zuvor in ihrer Nähe installierten Kameras. Tagsüber haben wir dann Gelegenheit, die herrlichen Vögel und ihr Tun genauer zu beobachten. Das geschieht meist aus erhöhter Position vom Gegenhang aus, denn von dort sind wir fast auf einer Höhe mit dem Hunderte Meter entfernten Horst und können das Tal recht gut in beide Richtungen einsehen.

So auch heute, an einem sonnig klaren Tag mit guten Chancen auf Beute für die Falken. An diesigen oder nebligen Tagen, von denen es während einer Saison auch zahlreiche gibt, gehen die pfeilschnellen Jäger, die aus-

Ringeltaubenschwarm

nahmslos Vögel im freien Luftraum schlagen, oft leer aus: kaum potenzielle Beute unterwegs und stark eingeschränkte Sichtbedingungen. Heute aber dauert es nicht lange, bis sich das Weibchen – es ist immer deutlich stärker als der Partner – plötzlich in großen Kreisen in die Höhe schraubt. So weit, dass es mit bloßem Menschenauge nicht mehr zu erkennen ist. Aus Erfahrung wissen wir, dass es in die Ausgangsposition für eine Attacke geht und ihr bedauernswertes Opfer nicht lange auf sich warten lassen wird.

Tatsächlich sehen wir bald zwei Ringeltauben das Tal herabfliegen, nicht allzu hoch über den Baumkronen. Und dann überschlagen sich die Ereignisse: Ein dunkler Fleck schießt plötzlich senkrecht aus dem Himmel herunter auf die Tauben zu. Und nahezu im selben Moment lassen sich die, wie gelähmt, mit angelegten Flügeln einfach mitten in den Wald fallen – und das gerade noch rechtzeitig. Der Wanderfalke schwingt sich im letzten Moment über dem Wald wieder in die Höhe: Mit über 300 Stundenkilometern in die Baumkronen zu rauschen, bekäme ihm ganz sicher nicht gut …

Fazit: Wildtauben haben auch auf jeder Feder ihres Rückens ein Auge. Ähnlich wie dieser gehen viele andere Jagdversuche des Wanderfalken auf Wildtauben aus.

Leichter hat es der Falke mit gezüchteten Haustauben: Die sind oft zu mehreren unterwegs und – sehr zum Leidwesen ihrer wartenden Besitzer – längst nicht so gut auf den Jäger vorbereitet …

Problemtauben – sind Fakes die Lösung?

Wo Licht ist, ist auch Schatten. Das gilt ganz besonders für das Thema Tauben, weniger aber für unsere Wildtaubenarten als vielmehr für Haustauben und vor allem deren verwilderte Abkömmlinge, die sogenannten Stadttauben. Sie bevölkern in riesigen Scharen die Städte und Großstädte Europas – bis zu 60 000 brüten nach Schätzungen der Fachbehörden in manchen deutschen Metropolen, bis zu 500 Millionen sollen es weltweit in Großstädten sein. Städte wie Venedig, dessen Markusplatz treffend auch „Taubenzentrum Europas" genannt werden könnte, wissen ein Lied davon zu singen.

In den Nischen und auf den Simsen von Kirchen und anderen Gebäuden, auf Dachböden, Türmen, unter Brücken, in Bahnhofs- und Markthallen pflanzen sich die geflügelten Städter munter fort. Mit ihren Heerscharen verbunden sind Unmengen chemisch aggressiven Kots – eine Taube produziert jährlich etwa zehn Kilogramm davon in nassem Zustand oder zweieinhalb Kilogramm Trockenkot –, der das Bindemittel Kalk auflöst und zu erheblichen Schäden führt. Vor allem an historischen Bauwerken, die oft aus Sandstein gebaut sind. Um ihren Mineralstoffbedarf zu decken, beschädigen die Vögel Mauern und Gebäudeputz überdies, indem sie daran picken und fressen.

Außerdem sind diese Tauben nicht gerade Paradebeispiele für Hygiene: Ihr Kot enthält zahlreiche Pilze und Bakterien, bei der Zersetzung Letzterer werden giftige Stoffe freigesetzt, die allergische Reaktionen auslösen können. Außerdem tragen Tauben und ihre Küken oft Parasiten wie die Taubenzecke oder die Taubenmilbe.

Fast schon ironisch mutet es an, dass Haus- beziehungsweise Stadttauben nicht einmal von einer in Zentraleuropa heimischen Wildtaubenart abstammen. Soweit Biologen und Zoologen wissen, ist ihr wilder Vorläufer die Felsentaube. Deren angestammtes Verbreitungsgebiet erstreckt sich vom Mittelmeerraum nach Osten bis zum Kaspischen Meer und, deutlich weiter im Norden, dann wieder über Schottland, Irland sowie die Shetland- und Färöer-Inseln.

Emotional überprägte Tierliebe macht das Stadttauben-Problem nicht geringer: Trotz aller Empfehlungen von Experten und verantwortlichen städtischen Behörden gehört das ausgesprochen kontraproduktive Taubenfüttern zur beliebten Beschäftigung zahlreicher Bürger und vor allem Stadttouristen.

Die geplagten städtischen Verantwortlichen versuchen ihrerseits, der Taubenflut entgegenzusteuern: Frühere rabiate Vergiftungs-Feldzüge gehören aus Tierschutzgründen natürlich längst der Vergangenheit an. Zu den Maßnahmen gehört heute meist ein – leider oft genug ignoriertes – Verbot der Taubenfütterung. Daneben versucht man mancherorts, der ungehemmten Stadttauben-Fortpflanzung durch die Beschränkung möglicher Nistplätze Einhalt zu gebieten.

Interessant ist auch der Ansatz, frisch gelegte Eier aus den Nestern zu entnehmen und durch Attrappen zu ersetzen. Das funktioniert recht gut, weil Tauben offenbar nicht über eine exakt tickende „innere Uhr" verfügen: Sie brüten glücklich und ewig auf den Attrappen – unter Umständen so lange, bis es selbst für eine weitere Brut zu spät ist.

toute la
calotte rouge
chez le mâle
(à l'arrière chez la
femelle)
déjà visible chez les
cou mince   petits au nid.

L 40 - 46 cm
E 67 - 73 cm

le pic noir
Jardin le français

Schwarzspecht-Männchen

SPECHTE – ZIMMERN, TROMMELN, SCHMIEDEN

DIE AUGENLIDER WERDEN IMMER SCHWERER, die Müdigkeit übermannt mich. Um 4.30 Uhr bin ich heute Morgen aufgestanden, obwohl es jetzt, Mitte Januar, erst etwa drei Stunden später zu grauen beginnt. Aber es gab zuvor noch dies und das zu erledigen, und die Anfahrt war weit. Seit gut einer Stunde sitze ich jetzt auf dem Hochsitz an der Buchen-Jungwuchsfläche und nichts ist geschehen. Das macht müde Männer nicht gerade munterer … Der vermeintlich stets wachsame Jägersmann kann nicht anders: Er tut es seinem auf einer warmen Decke am Fuß des Hochsitzes zusammengerollten Hund gleich und hält ein Nickerchen.

Das währt allerdings nicht lang, denn plötzlich zerreißt ein gellendes „Kliööh" die winterliche Stille. Ich fahre erst zusammen, dann hoch und suche den Schwarzspecht, dessen unverwechselbarer Ruf mich geweckt hat. Ja, da sitzt er am Stamm der alten Kiefer, die bei der Holzernte verschont wurde und hoch über der Buchenverjüngung aufragt. Mit seinem Ruf tut der Specht seinen Standort kund.

Der Blick durch das Fernglas zeigt ein Männchen in seiner minimalistischen Schönheit: pechschwarzes Gefieder mit feuerrotem Scheitel, der über dem Schnabelansatz beginnt und, schmaler werdend, bis fast in den Nacken reicht. Der rote Kopfstreifen des Weibchens ist kürzer, läuft nur über den Hinterkopf bis zum Nackenansatz. Das ebenfalls schwarze Gefieder von Frau Specht glänzt auch weniger stark und ist etwas matter.

Herr Specht inspiziert nun akribisch die Borke der Kiefer, haut seinen kräftigen Schnabel mal hier, mal dort hinein. Besonders ergiebig ist das wohl nicht, denn schon bald schwingt er sich wieder mit seinem typischen Flugruf „krrü … krrü … krrü" in die Luft in Richtung eines Altholzbestandes neben der Buchen-Jungwuchsfläche. Und wie für ihn üblich, fliegt er dabei nicht in wellenförmigen Bögen wie viele andere Spechtarten, sondern geradlinig und mit recht variablem Flügelschlag: mal flatternd wie ein Sperling, dann die Flügel langsam und weit durchziehend wie ein Graureiher, dann wieder gleitend wie ein Bussard.

Am liebsten Ameisen – rund ums Jahr

In dem Altholz will der Schwarzspecht vielleicht nach Ameisenhaufen Ausschau halten, denn die Kerbtiere führt er sich bevorzugt zu Gemüte, rund 80 Prozent seiner Nahrung machen sie aus. So plündert er vor allem im Winter gern deren imposante „Staatsunterkünfte". Im Frühjahr, Sommer und Herbst stellt er dann jenen Ameisenarten nach, die im Holz sterbender oder bereits abgestorbener Bäume leben.

Von diesem sogenannten stehenden und liegenden Totholz gab es in früheren Zeiten nicht viel, weil eine vorrangig ökonomisch ausgerichtete Forstwirtschaft solche Bäume sofort entnahm. Da hat zum Glück längst ein Umdenken stattgefunden. Heute wird, sofern das für den gesunden Baumbestand und für Waldspaziergänger kein Risiko bedeutet, Totholz möglichst im Wald belassen, denn es ist nicht nur für den Specht lebensnotwendig. Das tote Holz wimmelt von Leben: Unzählige Insektenarten bewohnen es und hängen in ihrer Existenz davon ab. Deren Gänge und Nester legt der Schwarzspecht mit kräftigen Schlägen frei.

Wenn Bäume leiden, lebt er in Saus und Braus

Eine Alternative zur Ameisenkost bietet sich dem Rotschopf in Zeiten, in denen der Wald leidet, wie zum Beispiel nach Jahren mit extremer Trockenheit. Dann nämlich schlägt die Stunde der Borkenkäfer. Als sogenannte Sekundärschädlinge befallen sie die vorgeschwächten Bäume und geben ihnen den Rest. Zwei, drei Jahre später erreicht die Zahl der Käfer Spitzenwerte. Dann können befallene oder schon tote Bäume nicht als Totholz im Wald verbleiben, denn das würde die Massenvermehrung der winzigen Killer weiter begünstigen.

Der Schwarzspecht jedenfalls weiß von solchen Borkenkäfer-Kalamitäten zu profitieren. Er löst große Rindenstücke von den Bäumen, um sich die zwischen Borke und Holz fressenden Käferlarven einzuverleiben.

Schwarzspecht auf Nahrungssuche

Spitzendrummer mit guter Federung

Im Frühjahr gerät der fast krähengroße und damit größte unserer heimischen Spechte so richtig in Trommellaune, denn die weithin hörbaren Schlagwirbel beider Geschlechter dienen der Kommunikation mit dem schon Wochen zuvor auserkorenen Partner und der Revierverteidigung. Eine dieser Trommelsequenzen dauert jeweils etwa drei Sekunden, und in jeder dieser Sekunden lässt der Schwarzspecht seinen Schnabel-Schlägel 16, 17, 18 Mal auf seinen Resonanzkörper, wie zum Beispiel einen Ast, sausen.

Derart rasant zu hämmern, ohne eine schwere Gehirnerschütterung davonzutragen, verlangt anatomische Besonderheiten, die der Schwarzspecht und seine Spechtverwandten im Laufe ihrer Entstehungsgeschichte entwickelt haben. Dazu gehört ein muskelbepackter Hals und eine Art Stoßdämpfer: eine schwammige Knochenverbindung zwischen Schädel und meißelförmigem Schnabel, mit der die Schläge des „Meißels" abgedämpft werden. Selbst Augäpfel, Zungenbein und die Halswirbel sind entsprechend für schnelle Stöße mit Kopf und Schnabel konzipiert.

Kletterausrüstung

Hämmern, dass die Späne fliegen, ist das eine, aber seien wir ehrlich: Auch senkrecht an einem Baumstamm zu sitzen und entlangzulaufen, ist keine Selbstverständlichkeit. Das kann der Specht dank seiner Kletterfüße mit kräftigen Krallen und einer speziellen Zehenanordnung. Wie bei allen Arten der Familie mit vier Zehen sind zwei davon nach vorn und zwei nach hinten gerichtet. Mit ihrer Hilfe und gegrätschten Beinen läuft er die Stämme hinauf. Überaus nützlich ist dabei auch der Schwanz, dessen verstärkte, mittlere Steuerfedern ideal sind, um sich am Stamm abzustützen. Kopfüber einen Baumstamm hinunterklettern können Spechte allerdings nicht. Abwärts geht es allenfalls in seitlichen Hüpfern. Oben angekommen, fliegen sie aber meist ab und laufen den Stamm erneut von unten hoch, wenn es dort noch etwas zu tun gibt. Da können Spechte etwas vom Kleiber lernen, obwohl der zur Gruppe der Singvögel und nicht zu den Spechtvögeln gehört. Das kleine, hübsche Kerlchen mit den markanten schwarzen Augenstreifen marschiert Baumstämme herauf und herunter, gerade wie es ihm gefällt.

Seine Leidenschaft: Höhlenarchitektur

Den Höhepunkt des schwarzspechtschen Zimmereihandwerks bildet wohl der Höhlenbau. Ihn vollführt der große Specht an alten Bäumen von mindestens 35 bis 40 Zentimetern Durchmesser – Rotbuchen sind seine erste Wahl. Gut, dass die Vögel schwindelfrei sind, denn sie bauen bevorzugt in Höhen von beträchtlichen zehn bis 20 Metern, ausgesprochen selten legen sie Höhlen unter fünf Metern Höhe an. Dabei unterscheiden die Vögel zwischen nach Männlein und Weiblein getrennten, oft weit voneinander entfernten Schlafhöhlen sowie der gemeinsamen Bruthöhle. Sie alle werden überwiegend im März und April gezimmert.

Schwarzspechte führen eine monogame Saisonehe, bleiben also mit demselben Partner für eine Brutsaison zusammen. Fremdgehen ist nicht drin, und gar nicht so selten finden sich auch die Brutpartner des Vorjahres wieder zusammen. Auch außerhalb der Brutzeit besteht oft eine lose Paarbindung.

Frisch verliebt-verpaarte Altvögel nehmen immer zusammen den Bau einer neuen Nisthöhle in Angriff, nutzen dann zur tatsächlichen Brut aber vielleicht auch eine bereits vorhandene, denn ihre Höhlen nutzen Schwarzspechte oft über viele Jahre.

Die Nisthöhlen sind 30 bis 60 Zentimeter tief und mindestens 25 Zentimeter weit. Ihr Bau dauert dreieihalb bis vier Wochen. Das Einflugloch darf nicht zu klein sein und ist mit etwa 13 auf fünf bis neun Zentimetern höher als breit. Anders als die übrigen Spechtverwandten mit ihren runden Einfluglöchern steht der Schwarzspecht offenbar auf „gotischen Baustil".

Jungenaufzucht mit ungewöhnlicher Rollenverteilung

Im April legt das Weibchen dann drei bis fünf weiße und kugelrunde Eier in das gemeinsame Brutappartement. Tagsüber hocken abwechselnd beide Elternvögel darauf, nachts aber nur das Männchen. Madame braucht da ihre Ruhe und schläft lieber in der eigenen Schlafhöhle. Ein sehr modernes Rollenverständnis!

Nach knapp zwei Wochen schlüpfen die zunächst vollkommen nackten Jungvögel. Um ihr Futter von den Altvögeln zu erhalten, müssen sie zwei Wochen später schon am Höhleneingang erscheinen und sich noch mal eine Woche später an die Außenseite der Höhle begeben. Klettern will schließlich gelernt sein und „was Hänschen nicht lernt, lernt Hans nimmermehr".

Vielleicht haben Schwarzspechte wirklich ein Rollenverständnis, das unter uns Menschen wohl überfällig ist, denn nach dem Ausfliegen mit 28 bis 30 Tagen füttert die Jungvögel noch bis zu einem Monat lang der Vater und das bevorzugt in Waldgebieten mit dichtem Unterwuchs. Der Nachwuchs übernachtet in dieser Zeit, meist an Bäume geklammert, nahe der Schlafhöhle des Herrn Papa.

Zimmermann zum Nutzen vieler

Eigentlich hätte der Schwarzspecht einen Preis für sozialen Wohnungsbau verdient: Unzählige andere Tiere profitieren von seiner „Höhlen-Fließbandproduktion", hängen zum Teil in ihrer eigenen Existenz regelrecht davon ab. Über 60 Arten sind als Nachmieter oder auch Wohnungskonkurrenten des Schwarzspechts bekannt, unter ihnen der Baummarder, das Eichhörnchen, die Hohltaube, der Sperlings- und der Raufußkauz, der Kleiber, die Dohle und der Star. Sogar Hornissen und Wespen nehmen sie in Beschlag. Und besonders artenschutzrelevant: Zahlreichen Fledermausarten dienen die Spechtbehausungen als Schlaf- und Überwinterungsplatz.

Nicht zuletzt finden am Boden alter, faulender Höhlen in dem mit der Zeit entstehenden Mulm aus zersetztem Holz und tierischen Exkrementen zahlreiche spezialisierte und zum Teil sehr seltene Käferarten einen idealen Lebensraum.

Die Konkurrenz schläft nicht

Studien zufolge ist der Hauptnutzer der Schwarzspechthöhlen nicht einmal der Schwarzspecht selbst, sondern die Hohltaube. In direktem Wettbewerb mit dem Höhlenbauer zieht sie in der Regel zwar den Kürzeren, aber anders als der kann sie dessen Höhlen noch nutzen, wenn sie schon in eher bedauernswertem Zustand sind. Und das hat einen Grund: Die Hohltaube zieht nicht einfach nur ein, sondern verleiht der gewählten Bleibe mit dem Eintrag eigenen Nistmaterials eine „persönliche Note". So steht ihr ein breiteres Angebot an Schwarzspechthöhlen zur Verfügung als deren Erbauern selbst. Die nämlich legen Wert auf einen Top-Zustand ihrer Höhlen.

Die Dohle dagegen setzt sich bei Streitigkeiten um eine Höhle meist gegen den Schwarzspecht durch, selbst wenn der die Unterkunft gerade erst frisch gezimmert hat und den mühsam errichteten Neubau verständlicherweise ungern preisgibt. Der schwarze Rabenvogel mit dem grauen Nacken braucht aber einen Höhlenstandort in Waldrandnähe und brütet überdies nur sehr selten allein, sondern nach Möglichkeit mit vielen Artgenossen in Kolonien. Vereinzelte Schwarzspechthöhlen, noch dazu im Waldesinneren, sind da nicht der Hit. So hält sich die Konkurrenz der Dohle für den rot gescheitelten Specht in Grenzen.

Buntspecht-Männchen an seiner „Specht-
schmiede", rechts das Weibchen

Bunter Specht mit Wohlfahrtswirkung

Der Buntspecht ist der mit Abstand häufigste unserer Spechte. Irgendwo
zwischen 450 000 bis 830 000 liegt der Brutpaarbestand in unserer Republik nach Schätzungen des Naturschutzbunds Deutschland.

Der Name lässt das farbenfrohe Äußere des Buntspechts vermuten, das
mit „Schwarz-Weiß-Rot in munterem Wechsel" überschrieben werden
kann. Das Gefieder ist oberseits schwarz und zeigt zwei große, weiße Flü-
gelflecken. Die Unterseite des Spechts ist grau gefärbt bis auf das letzte
Viertel vor dem Schwanz: Das leuchtet lebhaft rot. Mit den schwarzen
Bartstreifen auf weißen Wangen hat sich der Buntspecht seinen Namen
eigentlich schon verdient. Im Jugendkleid ziert beide Geschlechter dazu

noch ein roter Scheitel, ausgewachsene Männchen dann ein knallroter Fleck am Hinterkopf. Adulte Weibchen verzichten bescheiden ganz auf Rouge am Kopf.

Hinsichtlich „Wohnungsbau für viele" ist der Buntspecht ebenfalls karitativ eingestellt. Auch er legt Schlaf- und Bruthöhlen in großer Zahl an. Auch seine Behausungen inklusive Einflugloch sind allerdings seiner Größe angepasst, und er ist nur halb so groß wie sein schwarzer Vetter. So sind Buntspechthöhlen für einige Folgeinteressenten schlicht und einfach zu klein. Dennoch finden auch Buntspechthöhlen zahlreiche Nachmieter: Siebenschläfer, Sperlingskauz, Kohl- und Tannenmeise und eher selten die Hohltaube gehören zum Beispiel dazu.

Er ruft nicht – er trommelt

Die Häufigkeit des Buntspechts hat vor allem mit seiner wenig ausgeprägten Lebensraumspezialisierung zu tun. Neben Laub- und Nadelwäldern lebt er auch in Parks und in der freien Landschaft, solange es dort Alleen, Windschutzstreifen oder kleine Baumgruppen gibt. Optimal sind allerdings Eichen- und Buchenmischwälder mit viel Alt- und Totholz. Monotone Fichtenbestände warten dagegen mit geringen Buntspechtzahlen auf.

In Sachen Trommelgeschwindigkeit steht der farbenfrohe Höhlenbauer dem schwarzen in nichts nach. Anatomisch gleichermaßen gut dafür ausgerüstet, schafft auch der Buntspecht rasant viele Schläge pro Sekunde. Der kleine Oskar Matzerath in „Die Blechtrommel" könnte neidisch werden. Sein Trommeln kann man oft schon im Februar hören. Mit Nahrungssuche hat es nichts zu tun, sondern dient ausschließlich der Kommunikation. Das Männchen versucht, damit ein Weibchen anzulocken, und das Weibchen trommelt, um auf sich aufmerksam zu machen. Später dienen die Trommelwirbel auch der Revierabgrenzung.

Doppelt gemoppelt hält besser

In den Bruthöhlen schlüpfen nach rund zwölf Tagen Brutdauer vier bis sieben Jungvögel. Drei bis vier Wochen lang werden sie gefüttert, dann fliegen sie aus. Die Buntspechtweibchen nehmen es mit der Partnertreue nicht ganz so genau wie die Schwarzspecht-Damen: Etwa ein Fünftel von ihnen, und das sind ältere und – hört, hört! – erfahrene Weibchen, schätzt die sogenannte „Polyandrie", die Vielmännerei. Sie starten mit einem Männchen ihrer Altersklasse und Erfahrung eine erste Brut. Dann schenken sie einem meist jüngeren Männchen ihre Gunst und brüten mit diesem ein zweites Mal. An der Brut-, Schlupf- und Huderphase beteiligen sie sich bei beiden Bruten. Um die Aufzucht der Zweitbrut muss sich dann allerdings der zweite Lover allein kümmern.

Gut eingeklemmt ist halb gefressen

Der Buntspecht beherrscht neben dem Zimmermannshandwerk auch noch die Kunst des Schmiedens. Seine Hauptnahrung besteht zwar aus Insekten und deren Larven, die er unter der Rinde von Bäumen einsammelt. Im Winter frisst er aber Beeren, Samen und Nüsse. Nadelbaumzapfen und Nüsse klemmt er in seinen sogenannten Spechtschmieden ein: in selbst gehackte Kerben oder Löcher im Holz oder auch in Astgabeln. Dann zerkleinert er die so fixierten Früchte, um an Samen und Kerne zu gelangen.

Und noch mehr Spechte

Mit Schwarz- und Buntspecht sind natürlich die hierzulande vorkommenden Spechte nicht annähernd erschöpfend behandelt. Da gibt es noch den Grünspecht, den Grauspecht, den Weißrückenspecht, den Kleinspecht, den Mittelspecht, den Dreizehenspecht und, nur im Sommer, den Wendehals. Jeder einzelne von ihnen könnte vermutlich ein eigenes Buch füllen.

Erwähnt sei aber doch noch die namensgebende Besonderheit des Dreizehenspechts. Anders als alle anderen Spechte mit ihren vier Zehen besitzt er außer den zwei Vorderzehen nur eine Hinterzehe. Dem Dreizeher in den Wäldern der Tief- und Mittelgebirgslagen zu begegnen, fällt allerdings ausgesprochen schwer, denn er bewohnt nadelholzreiche Bergwälder mit ausreichendem Totholzanteil in Höhen von etwa 1200 Metern aufwärts. Die Bäume dürften seine Anwesenheit zu schätzen wissen, denn er ernährt sich vorwiegend von den Larven und Puppen ihrer Plagegeister, also von Borkenkäfern und Bockkäfern.

Das Rotkehlchen, ein Wintersänger

SINGVÖGEL – GESANG UND
UMTRIEBE IM WINTERWALD

UNERWARTET MILD IST DER HEUTIGE JANUARTAG. Die letzten Schneeflecken werden noch etwas kleiner werden, manche ganz verschwinden. Kaum vorstellbar, dass die Natur noch eine Woche zuvor fest im Griff von Schnee und Eis war, dass das Draußensein ohne Handschuhe und Mütze sich nur schwer ertragen ließ und mir das regungslose Sitzen in offenen Ansitzen rasch zur Qual wurde.

Heute ist Kälte nicht das Problem, aber besonders spannend ist dieser Ansitz in der Nähe eines Waldrands trotzdem nicht. In den letzten Stunden ist rein gar nichts geschehen, kein Laut war zu hören. Nicht einmal das Liebesbellen eines Fuchses ist irgendwo erklungen. Die Natur scheint noch im Kältekoma der Vorwoche zu liegen.

Perlende Strophen aus roter Kehle

Da dringt plötzlich ein einzelnes feines Vogelstimmchen durch die Stille an meine Ohren, zaghaft erst, dann immer selbstbewusster. Der perlende Gesang eines Rotkehlchens! Es kann nicht weit entfernt sein, denn Rotkehlchen singen recht leise, sie schmettern längst nicht so laut wie zum Beispiel der Buchfink.

Ich nehme mein Fernglas mit der zehnfachen Vergrößerung an die Augen und suche die Umgebung ab. Dann sehe ich den Sänger: Keine 20 Meter entfernt sitzt der hübsche Vogel mit den schwarzen Knopfaugen, der orangerot gefärbten Kehle und Brust in einem kahlen Ahornbaum am Waldrand. Was für ein hübscher Farbtupfer vor dem bleiernen Himmelsgrau! Und er legt sich ins Zeug, macht deutlich, warum man ihn einen „Wintersänger" nennt.

Weibchen und Männchen sind rein äußerlich nicht zu unterscheiden, und auch mein Sänger könnte eine Sängerin sein. Im Winter besetzen nämlich beide Geschlechter unterschiedliche Reviere und markieren diese akustisch durch ihren Gesang, wenngleich die Damen seltener und etwas leiser singen als ihre männlichen Artgenossen. Vielleicht, weil sie oft schon Ende Januar ihr Revier verlassen, um sich einen Partner zu suchen. So läuft es zumindest in unseren Breiten, in denen das Rotkehlchen zu den häufigsten Singvögeln zählt. Bei uns bleiben die meisten Vögel nämlich während des ganzen Jahres, sie sind Standvögel, die ihr Brutgebiet nicht verlassen. Die im Norden und Osten Europas brütenden Artgenossen fliehen dagegen vor Kälte, Schnee und Eis und überwintern im Mittelmeerraum und im Nahen Osten.

Nachdem ich dem Rotkehlchen ein Weilchen gelauscht habe, gerate ich, wie öfter mal auf ereignisarmen Winteransitzen oder einsamen Spaziergängen durch den pudergezuckerten Wald, ins Grübeln: Ich hänge der Frage nach, warum eigentlich der Wald im Winter von so vielen Menschen als leblos, im Frühling und Sommer dagegen als Inkarnation des pulsierenden Lebens empfunden wird. Nie sonst sind doch Tierspuren besser zu sehen als im Schnee, nie verrät der Boden mehr über das Hin und Her und die Lebensvielfalt im Wald. Im Frühling oder Sommer im Laub des letzten Herbstes, auf dem abgetrockneten Waldboden oder gar auf geschotterten Wegen die Spur eines Fuchses, eines Hasen oder eines Marders zu entdecken, ist schlicht unmöglich. Das gelingt allenfalls auf weichem oder nach langem Regen aufgeweichtem Untergrund.

Sicher, die Tiere selbst sind in den warmen Monaten meist deutlich aktiver als im oft kälteknirschenden Winter – aber geben sie dann ihre Scheu auf und zeigen sich im bestem Licht an jeder Ecke? Nein. Im Gegenteil, im Grunde genommen kann man sie in der laublosen Winterzeit trotz ihrer verminderten Aktivität im Wald leichter zu Gesicht bekommen als im unterwuchsreichen Sommerdschungel. Was ist es also, das vielen den Winterwald so unbelebt erscheinen lässt?

Vermisst: Farbe und Gesänge

Einer der Gründe ist sicher die Monochromie des Waldes in den Wintermonaten, die mit der Farbenintensität des Frühlings- und Sommerwaldes kaum konkurrieren kann.

Aber da ist noch etwas anderes, weniger augen- als vielmehr ohrenfälliges. Das Rotkehlchen macht mir das in aller Deutlichkeit bewusst: Es ist die fast erdrückende Stille, die in einem Wald zur Winterzeit herrscht – sofern es kein Stadtwald oder ein Hotspot für Skilangläufer oder Schneeschuhwanderer ist. Die Ruhe ist vor allem gegenüber dem Frühlingswald frappant. Und auch an glühend heißen Hochsommertagen kann sie ähnlich lähmend sein wie die Hitze.

Doch nicht beliebige Lautäußerungen machen den Unterschied. Nein, es ist der Gesang der Vögel, der den Frühling vom Winter unterscheidet. Im Frühling stimmen Amsel, Drossel, Fink und Star im ersten Morgendämmern ihr Konzert an und zwitschern, wenn auch mit wechselnder Intensität, den ganzen Tag über. Ihr Konzert erfreut unser Herz und ist gleichsam ein Symbol der Lebensfreude. Nicht von ungefähr ranken sich auch zahlreiche Volkslieder um die gefiederten Sänger.

Experten zufolge singen Vögel übrigens nicht nach Schema F. In Städten und größeren Ortschaften tun sie das lauter als auf dem Land: Sie passen ihren Gesang dem Geräuschpegel ihrer Umgebung an. Und nicht nur das: Sie singen teilweise auch in höheren Tonlagen, um durch die niedrigen Frequenzen des Verkehrslärms hörbar zu sein. Verständlich also, dass das in aller Herrgottsfrühe beginnende Frühlingsgeträllere der Piepmätze bei geöffnetem Schlafzimmerfenster manchmal auch ein bisschen anstrengend sein kann – vor allem nach einer feuchtfröhlichen Nacht …

Konzerte nicht um unseretwillen

Die Gesangsdarbietungen sind ja auch gar nicht für unsere Ohren bestimmt, wenn sie uns auch das Herz öffnen. Nein, die munteren Musikanten stecken damit ihre Claims, sprich Brutreviere, ab und buhlen um einen Partner.

Lange Zeit herrschte die Auffassung, nur die Männchen sängen. In jüngerer Vergangenheit musste diese Ansicht revidiert werden. Forscher fanden heraus, dass für die überwiegende Mehrheit von über 300 Singvogelarten gilt: Auch die Weibchen singen regelmäßig. Die Männchen sind zwar die etwas aktiveren und häufigeren Sänger, als absolute Ausnahme können die Sopran-, Mezzosopran- und Altstimmen der weiblichen Vogelwelt aber kaum betrachtet werden, wie die Wissenschaft das lange tat.

Auch ohne das Rotkehlchen muss der Wald im Winter nicht ganz ohne Gesang auskommen: Wer nicht nur in warmen Stiefeln und dicker Jacke, sondern auch mit offenen Ohren durch winterliche Gehölze stapft und ein bisschen Gefühl für die Unterschiede zwischen Vogelstimmen besitzt, kann sich noch an weiteren Sangeskünstlern erfreuen.

Da ist zum Beispiel die Kohlmeise, die ursprünglich in Laub- und Mischwäldern mit alten Bäumen lebte, heute aber fast überall vorkommt, wo sie geeignete Nisthöhlen findet. Ihre gelbe Unterseite mit dem schwarzen Längsstrich und die großen, weißen Wangenfelder an dem sonst schwar-zen Köpfchen machen sie unverwechselbar. Den kohlschwarzen Kopfpartien soll sie ihren Namen verdanken, der schon aus dem 15. Jahrhundert belegt ist. In Deutschland ist auch die größte unserer Meisen überwiegend ein Standvogel, der sein Brutgebiet im Winter nicht verlässt.

Wie die meisten Wintersänger ist die Kohlmeise nicht während des gesamten Winters zu hören: Sie lässt ihren metallisch hellen Gesang allerdings schon recht früh im Jahr, oft schon im Januar, ertönen – Früh-im-Jahr-Sänger träfe es bei den meisten sogenannten Wintersängern vielleicht besser. Das Rotkehlchen ist einer der wenigen Vögel, deren Gesang während des ganzen Winters zu hören ist.

Dass sie auch im Winter in Deutschland bleiben und trällern können, wird Kohlmeise und Rotkehlchen durch ihre Flexibilität bei der Nahrungswahl ermöglicht: Beide Arten mögen tierische Kost aus Insekten und deren Larven sowie kleinen Spinnen und Weberknechten am liebsten, können aber auch auf Sämereien und andere vegetarische Kost umstellen.

Ausreichende Nahrung ist gerade im Winter für die Kleinen und Kleinsten unter unseren Singvögeln eminent wichtig. Ähnlich wie bei den Mäusen ist auch ihre Körperoberfläche im Verhältnis zum Körpervolumen vergleichsweise groß und damit der Wärme-, sprich Energieverlust recht hoch. Gelingt es ihnen aufgrund von Nahrungsknappheit am Tage nicht, ausreichend Energie zu „tanken", kann es geschehen, dass sie in nur einer Nacht erfrieren. Dieses Risiko betrifft vor allem Jungvögel. So überleben bei einigen Singvogelarten bis zu 70 Prozent von ihnen den ersten Lebenswinter nicht.

Kohlmeisen

Winzlinge mit Irokesen-Schnitt

Wer es sehen möchte, muss schon genau hinschauen, denn mit rund neun Zentimetern Länge und etwa fünf Gramm Gewicht ist es der kleinste Singvogel Europas: das Wintergoldhähnchen. Obwohl es den Winter in seinem Namen trägt, kann man das Vögelchen auch zu dieser Jahreszeit nicht leichter entdecken als zu anderen, denn es flitzt überwiegend in den Zweigen von Nadelbäumen und vor allem hoher Fichten umher, und die sind auch in den kalten Monaten „blickdicht". Wer das Glück hat, erkennt das gefiederte Zwerglein mit der sonst eher unscheinbaren Gefiederfärbung an seinem markanten Scheitelstreifen. Bei den Männchen ist dieser Streifen im Zentrum orange und an den Rändern gelb, bei den Weibchen gelb bis gelbgrün, und immer durch schwarze Federchen beiderseits gesäumt. Stünde der Streifen hoch, wäre der Irokesen-Schnitt des Vogelreichs perfekt.

Trotz seines Namens lebt das kleine Kerlchen ganzjährig bei uns. Die in unseren Breiten meist wenig strengen Winter machen ihm auch wenig zu schaffen. Manche seiner ziehenden Artgenossen aus den Brutgebieten im hohen Norden des weit über Europa hinausreichenden Verbreitungsgebiets überwintern sogar in Deutschland.

Sein Namenspendant, das Sommergoldhähnchen, liefert mit seinem Namen schon einen besseren Hinweis. Es kommt in weiten Teilen Deutschlands nur in der warmen Jahreszeit als Brutvogel vor, lediglich im Südwesten unserer Republik ist es mitunter auch im Winter zu sehen. Ähnlich winzig wie das Wintergoldhähnchen, unterscheidet es sich von diesem vor allem durch den intensiver orange gefärbten Scheitelstreifen, einen schwarzen, quer verlaufenden Augenstreifen und einen weißen Querstreifen über dem Auge. Auch sein Gesang unterscheidet sich von dem des Wintergoldhähnchens. Die Gesänge beider Arten sind allerdings so hoch, dass ihn viele Menschen gar nicht oder nur in unmittelbarer Nähe wahrnehmen können und die Unterscheidung schwierig bleibt.

Ein Maurer mit Spechtfähigkeiten

Zurück zur Liga der Winter- oder Frühsänger: In ihr mischt zweifelsohne ein anderer recht farbenfroher Singvogel mit: der Kleiber. Den Reviergesang, eine rasche Folge aus wie „wi – wi – wi" klingendem Pfeifen von unterschiedlicher Länge, geben die Männchen oft schon Ende Dezember, in jedem Fall aber an den ersten sonnigen Januar- oder Februartagen zum Besten. Doch dieser Gesang ist nur ein Teil des kleiberschen Repertoires. Hinzu kommen Verständigungsrufe und erregtes Alarmschlagen: Allen diesen Lautäußerungen gemein ist ein eher überschaubares Tonspektrum, aber eine für einen Vogel dieser Größe erstaunliche Lautstärke.

Und so waren es wohl diese unüberhörbaren Rufe, die so manchen Waldbesucher auf die Anwesenheit des nur gut zwölf Zentimeter großen Vogels hingewiesen haben. Hat man ihn dann im Fernglas vor Augen, entpuppt er sich als Kandidat für europäische Singvogel-Schönheitswettbewerbe: Dafür qualifizieren ihn ein blaugrauer Rücken, eine weißlich beige, ockerfarbene oder auch rostbraune Unterseite und ein schwarzer Augenstreif vom Schnabel bis zur Schulter. Dazu Weiß auf Wangen und Kehle und – nur bei ausgebreiteten Flügel zu erkennen – als Flecken auf der Oberseite des Schwanzansatzes. Nicht zu vergessen die orangegelben Beine.

Sicherheit hat Priorität

Auch in manch anderer Hinsicht ist dieser Schönling bemerkenswert. Der Name Kleiber kommt vom mittelhochdeutschen „kleiben". Es bedeutet so viel wie „befestigen", „verstreichen", „kleben". Und genau das tut der Kleiber: Er zieht seine Jungen in natürlichen Baumhöhlen oder verlassenen Spechthöhlen auf, deren Eingang er bis auf ein Einflugloch von etwa dreieinhalb Zentimetern Weite mit Lehm zuklebt. So ist räuberisch gesonnenen Vögeln wie Krähen oder Eier- und Jungvogelstiebitzern wie dem Eichhörnchen der Zugang verwehrt.

Das ergibt Sinn, denn der Kleiber hat ein Faible für große Höhlen. Je geräumiger die Behausungen seiner Wahl sind, desto mehr Polstermaterial aus kleinen Rinden- und Holzstückchen kann er hineintragen. Hier geht es nicht um Bequemlichkeit. Für den Kleiber ist eine gute Isolierung überlebenswichtig: Dringt Feuchtigkeit in die Höhle ein, sammelt diese sich am Höhlenboden, das dicke Polster bleibt oben aber trocken und somit auch die Eier beziehungsweise die Jungvögel. Um die naturgemäß ziemlich großen Eingänge solcher Höhlen zu verkleinern, verbaut der emsige Vogel mitunter über ein Kilogramm Lehm, den er mit seinem kleinen Schnabel in unzähligen Transportflügen grammweise zur Höhle schafft.

Ein Mix aus Specht und Meise

Seinen Alternativnamen „Spechtmeise" erhielt der Kleiber, weil sein Aussehen und seine Lebensweise sowohl Gemeinsamkeiten mit den Spechten als auch mit den Meisen aufweisen, in deren Gesellschaft er phasenweise auch zu beobachten ist. Mit den Spechten hat er hingegen eher die Nahrungsvorlieben und ihre Beschaffung gemein.

Wie die Zimmermänner des Vogelreichs sucht auch der Kleiber an und auf Bäumen nach Beute. Anders als die Spechte vermag er mit seinem Schnäbelchen aber nur kleine Rindenstückchen abzuhacken. So beschränkt er sich weitgehend darauf, in Rindenspalten herumzustochern und Kleintiere oder hineingefallene Samen hervorzuholen. Wird später im Jahr tierische Beute selten, ernährt er sich überwiegend von Baumfrüchten, Beeren und Nüssen.

Bei der Nahrungsaufbereitung geht es ebenfalls wie bei den Spechten zu: Größere Beutetiere, Nüsse, Eicheln oder Sonnenblumenkerne vom Futterhäuschen klemmt der Kleiber in einer Rindenspalte fest, hängt sich kopfunter darüber und pickt mundgerechte Stücke von der Nahrung oder knackt sie auf. Ist das Nahrungsangebot üppig, legt er kleine Vorratsverstecke für den Winter an.

Rauf oder runter – er kann beides

Kopfunter ist das Stichwort für eine Spezialfähigkeit des Kleibers, über die nicht einmal Spechte verfügen: Als einziger Vogel vermag er, Kopf voraus Baumstämme hinunterzulaufen oder sogar an der Unterseite von Ästen herumzuturnen. Das ermöglichen ihm seine großen, starken Füße und Krallen. Seinen Schwanz wie ein Specht als Stütze am Stamm zu benutzen, scheitert aber schon an dessen geringer Länge. Um beim senkrechten Abstieg an Baustämmen nicht vornüberzukippen, bewegt sich der Kleiber immer etwas seitwärts mit leicht versetzten Füßen.

Winterurlaub der „Krammetsvögel"

Noch einmal zurück zum vermeintlich unbelebten Winterwald. Gerade die Welt der Kleinvögel in unseren Breiten erfährt in der Winterzeit oft eine Bereicherung. Die meisten der bei uns brütenden Singvögel sind hier ganzjährig zu Hause, verzichten also darauf, in den Süden zu ziehen. Einige von ihnen bekommen im Winter aber noch Besuch von ihren weiter nördlich brütenden Artgenossen, denen es im Winter dort zu kalt wird. Die lieben Verwandten schauen zum Herbstende oder Winterbeginn für eine Weile vorbei, um dann in die noch wärmeren Gefilde des Mittelmeerraums oder gar weiter gen Süden zu ziehen, oder sie bleiben als Wintergäste bis zum nächsten Frühjahr.

Der Kleiber, die „Spechtmeise"

*Bergfink – in manchen Wintern
besuchen uns Tausende von ihnen.*

Das gilt neben dem schon erwähnten Wintergoldhähnchen beispielsweise für die Wacholderdrossel, die früher unter „Krammetsvogel" firmier-
te, abgeleitet von der alten Bezeichnung „Krammet" für den Wacholder. Sie
frisst jedoch nicht nur dessen Beeren, sondern zum Beispiel auch Regenwürmer und gern auch Fallobst.

In Deutschland ist diese Drosselart überwiegend ein Standvogel, im Inneren des Waldes aber eher seltener als in dessen Randbereichen und nicht
weniger oft in Gärten und Parks zu sehen. Die in den deutlich raueren Klimaten Nord- und Osteuropas beheimateten Vertreter ziehen dagegen im
Herbst fort und nehmen unter anderem Kurs auf Deutschland – nicht selten in großen gemeinsamen Schwärmen mit der Rotdrossel. Wo unsere
Wacholderdrosseln das ganze Jahr über leben, verbringt auch ein Teil dieser
Zugvögel seinen ausgedehnten Winterurlaub.

Ein Fink, der Äste brechen lässt

Ein echter Klassiker unter den Wintergästen, und nur in der kalten Jahreszeit bei uns zu sehen, ist der Bergfink, der leidenschaftlichste Zugvogel unter allen Finkenarten. Unserem häufigen Buchfinken nicht unähnlich, ist er von diesem gut an seiner orangefarbenen Brust und Schulter und seiner auch im Flug gut sichtbaren Popo-Oberseite, dem Bürzel, zu unterscheiden.

In Europa ist der Bergfink vor allem in lichten Nadel- und Birkenwäldern Skandinaviens zu Hause, darüber hinaus bis nach Kamtschatka verbreitet. Nur ausnahmsweise brütet er auch in Mitteleuropa.

Den Winter verbringen die munteren Finken Skandinaviens aber vorzugsweise in Mitteleuropa. Dort suchen sie dann in Wäldern, aber auch auf abgeernteten Äckern nach Nahrung, oft zusammen mit anderen Finkenarten. In den Mastjahren der Buche mit einem reichlichen Angebot an Bucheckern sammeln sich abends mitunter lärmende Schwärme aus Tausenden von Vögeln. Unter dem Gewicht solcher Bergfinken-Massen brechen gelegentlich sogar ganze Äste ab. Vor allem in Süddeutschland und in der Schweiz wird das immer wieder einmal beobachtet.

Im Winter „nichts los" im Wald? Von wegen …

AUERWILD – URIGE VÖGEL
MIT SELTENHEITSWERT

LAUTES FLÜGELSCHLAGEN LÄSST MICH NACH RECHTS SCHAUEN, und wieder einmal sehe ich nur einen großen, dunklen Vogel, dessen Silhouette sich vor dem Weiß des Schnees abzeichnet, davonfliegen. Es ist zum Mäusemelken! Seit drei Jahren schon darf ich in diesem ursprünglichen Teil des Hochschwarzwaldes zur Jagd gehen, in einer der wenigen Ecken Deutschlands, in der das seltene und streng geschützte Auerwild noch vorkommt. Weitere kleine Populationen gibt es nur noch im Nationalpark Berchtesgaden in den Alpen, im Bayerischen Wald und im Fichtelgebirge. Und doch bin ich noch nicht über die Beobachtung versehentlich aufgescheuchter und schnell davonfliegender Vögel hinausgekommen – und selbst das ist in der ganzen Zeit nur ein paarmal geschehen.

Einen Hahn oder eine Henne über eine längere Zeit wirklich gut zu beobachten, ist mir noch nicht ein einziges Mal gelungen. Obwohl dieses nicht gerade kleine Wild im Schnee doch gut wahrzunehmen sein müsste. Und Schnee liegt hier, auf etwa 1 000 Meter Höhe, im Winter wirklich lange, oft von Ende Oktober bis in den April. Und zwar viel Schnee. So viel, dass die Waldarbeit oft für Wochen eingestellt werden muss, und auch ich, zumindest mit dem Auto, nicht mehr in den Wald komme.

Spuren, Losung, Schlafbäume

Die Spuren der Vögel – jagdlich „Fährten" im Gegensatz zu den „Geläufen" anderer Vögel – habe ich schon ein paarmal im Schnee gesehen. Allein die bemerkenswerte Größe der Fußabdrücke lässt da keine Zweifel zu. Sie zeigen das für alle Hühnervögel typische Bild aus relativ kleiner Sohle und drei Vorderzehen, deren mittlere exakt nach vorn gerichtet ist, sowie leicht abgewinkelter, verkümmerter Hinterzehe. Charakteristisch sind im Winter zudem die Abdrücke der an den Zehenseiten abstehenden Hornstifte.

Auch Schlafbäume, auf denen Auerhühner mitunter mehrere Nächte hintereinander verbringen, habe ich entdeckt. Neben einzelnen Spuren waren sie an der Losung, dem Kot der Vögel, am Fuß der Bäume eindeutig auszumachen. An den grünlich-bräunlich bis schwarzen, oft in sich gedrehten Würstchen mit dem für Hühnervögel typischen weißen Harnsäureüberzug an einem Ende.

Aber Spuren und Kot machen noch keinen Vogel.

„Verhören" – gescheitert

Selbst im letzten Frühjahr, als ich mich mit Freund Uli am „Verhören" des Auerwilds beteiligte, kam keine gescheite Beobachtung heraus. Lange vor Tagesanbruch waren wir beide im April auf einen Hochsitz in einiger Entfernung zu einem bekannten Balzplatz gestiegen. Weitere Jäger und Auerwildfreunde hatten an anderen Balzplätzen Posten bezogen. Wie immer bei dieser jährlichen Frühjahrsaktion ging es beim „Verhören" darum, den markanten Balzgesang der Auerhähne festzustellen, die Vögel vielleicht sogar zu sehen und so einen Überblick über deren Häufigkeit im Gebiet zu bekommen. Mit dieser Methode eine exakte absolute Zahl der Hähne zu ermitteln, ist natürlich unmöglich, aber der Vergleich mit den in den Vorjahren festgestellten Balzaktivitäten erlaubt Rückschlüsse auf die Entwicklung der Bestände.

Unsere „Beobachtung" verlief wie folgt: Uli und ich hörten, noch im Dunkeln, die Rufe eines Hahns. Nach ein bis zwei Minuten herrschte wieder Schweigen. Als wir zwei Stunden nach Hellwerden in Richtung des Balzplatzes schlichen, geschah das Übliche: Plötzliches Flügelschlagen, und der Hahn – vielleicht war es auch ein anderer als unser Frühsänger – suchte das Weite. Den Lehrbüchern zufolge hätten eigentlich auch ein paar Hennen da sein sollen, aber sie hatten diese Bücher wohl nicht gelesen, jedenfalls wir sahen keine einzige.

Nach diesen vielen Flops hätte ich so manches erlegte Reh dafür gegeben, einmal Auerwild richtig ausgiebig beobachten zu können – selbst auf die Gefahr einer am Ende vollkommen leeren Gefriertruhe. Aber für so einen Handel muss man erst mal Partner finden …

Auerhahn

Grand Tétras –

Markenzeichen „raue Füße"

Auerwild bewegt sich viel am Boden – im Winter bei eingeschränkter Aktivität in einem relativ kleinen Gebiet – und ist äußerst aufmerksam. Es zählt zur taxonomischen Ordnung der Hühnervögel und weiter zur Familie der „Fasanenartigen". Mitglieder der Fasanenartigen sind zum Beispiel auch das Birkhuhn, das Haselhuhn, das Schneehuhn und, wenig überraschend, auch der Fasan. Und nicht zuletzt auch unsere Haushühner, denen wir unser Frühstücksei verdanken. Fasane und der „Hahn auf dem Mist" nebst seinem Harem sind allerdings keine „Raufußhühner" wie die Erstgenannten. Denn wer in diese Unterfamilie aufgenommen werden will, muss vor allem im Winter deutlich ausgeprägte Federn an den Beinen und Zehen tragen sowie die bereits erwähnten kleine Hornstifte oder „Balzstifte" an den Zehenseiten. Federn und Hornstifte isolieren und erleichtern das Vorankommen im Schnee. Details, die im Vergleich zur Gesamterscheinung der Vögel allerdings unauffällig sind. Denn das Äußere ist vor allem beim Auerhahn überaus beeindruckend.

Die Spur der Auerwilds: Jägerinnen und Jäger nennen sie „Fährte".

Bodenbalz. Der Auerhahn (r.) versucht, die Henne zu beeindrucken.

Riesenunterschiede zwischen Hahn und Henne

Der mächtige, etwa einen Meter große und vier bis über sechs Kilogramm schwere Vogel hat ein überwiegend schwärzlich dunkelbraunes Gefieder, sein Hals ist blaugrau, die Brust metallisch glänzend grün. Auffällige Kontrapunkte sind weiße Flecken auf den Flügelbugen und sogenannte „Rosen" über den Augen: leuchtend rote, hervorstehende, federlose Wülste, die alle männlichen Hühnervögel besitzen, aber nur beim Birkhahn ähnlich stark ausgeprägt sind. Diese Wülste heißen auch „Balzrosen", weil sie in der Balzzeit noch anschwellen, um die Damenwelt zu beeindrucken, und dann umso auffälliger sind. Ein weiteres Schmuckstück ist der „Kehlbart" aus längeren Federn an der Halsunterseite unterhalb des Schnabels. Der Schwanz ist spätestens dann unverwechselbar, wenn der Hahn ihn zur Balzzeit fast wie ein Pfau steil nach oben richtet und auffächert.

Bei kaum einer Tierart ist der Geschlechtsdimorphismus so augenfällig wie beim Auerwild. Anders als der protzende Hahn gewandet sich die Auerhenne in rötlich bis gelblich braune Tarnfarben mit schwarzen und silbrig hellen Querbändern. Sie ist zudem deutlich kleiner und leichter als ihr männliches Pendant: nur knapp zwei Drittel so groß und mit zwei bis zwei-einhalb Kilogramm Gewicht nur etwa halb so schwer. Kaum zu glauben, dass Hahn und Henne tatsächlich eine Art sind.

Dem Patenneffen zuliebe …

Der Hahn scheint sich seines schicken Äußeren bewusst zu sein, und er stellt es auch gerne mal zur Schau. Den Eindruck gewann ich jedenfalls, als ich dann endlich doch das Glück hatte, den faszinierenden „Urhahn", wie man ihn auch respektvoll nennt, ausgiebig und vollkommen unerwartet be-obachten zu können. Immer wieder denke ich daran zurück.

Mit Verwandten und Bekannten haben wir uns für ein Dezemberwo-chenende in einer Waldhütte einquartiert. Die Hütte liegt nur ein paar Kilo-meter von meiner Hochschwarzwälder Jagdgelegenheit entfernt. Mit dabei ist auch mein damals 14-jähriger Patenneffe Nicolai aus Dortmund. Seine Erfahrungen mit Wildtieren tendieren gegen null, daran hat auch der Pa-tenonkel noch nichts ändern können, liegen doch gut 500 Kilometer Ent-fernung zwischen Schwarzwald und Ruhrpott.

Das Wetter spielt uns einen bösen Streich: Die ganze Woche war es kalt, sonnig und klar – ganz wie es im Winter sein soll. Und dazu liegt reichlich Schnee. Doch am Morgen unseres ersten Hüttentages zieht der Himmel zu und die Temperaturen steigen. Und ziemlich genau, seit wir in der Hütte eingetroffen sind, verwöhnt uns der Himmel mit einem ungemütlichen Mix aus Schnee und Regen. Und das sollte sich auch das ganze Wochenen-de nicht ändern.

Nicolai hat schon vor seiner Anreise angekündigt, dass er unbedingt mit mir auf Ansitz gehen und Rehe sehen will. Bei diesem Wetter ist das so gut wie aussichtslos, aber den erwartungsvoll flehenden Blicken des Neffen kann ich nicht widerstehen. Wir packen uns also warm ein, fahren am Nachmittag des zweiten Tages ins Revier und beziehen eine Kanzel.

Den Hochsitz habe ich gewählt, weil er überdacht ist – Schadensbegren-zung! Er steht an einem weitgehend vergrasten Maschinenweg, der in gut 200 Meter Entfernung blind in einer Art Wendeplatte endet. Vor uns ein leicht ansteigender Hang, locker von älteren Fichten und Buchen bestanden, unter denen sich stellenweise hüfthohe Naturverjüngung findet.

Ein Model auf dem Laufsteg

Ich ziehe den Kopf ein, flüstere dann und wann mit Nicolai, um ihn bei Laune zu halten, und warte ansonsten eigentlich nur auf das Ende dieses idiotischen Unterfangens. Manchmal und eher, um für meinen Begleiter eine entsprechend waidmännische Performance zu bieten, nehme ich das Fernglas hoch, um entfernt gelegene Stellen in Augenschein zu nehmen.

Als ich das jetzt wieder tue und in Richtung Wegende schaue, fällt mir auf der Wendeplatte ein dunkler Fleck auf. Hm, war der vorhin auch schon da? Ich betrachte den Fleck also etwas länger, und dann bewegt der sich plötzlich und läuft den Weg entlang auf unseren Hochsitz zu.

Ja, darf das denn wahr sein? Es ist ein Auerhahn! Bei diesem Sch…wetter trippelt ein Auerhahn mit größter Selbstverständlichkeit ohne jede Deckung direkt auf uns zu!

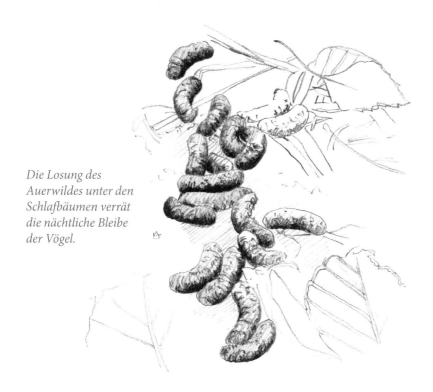

Die Losung des Auerwildes unter den Schlafbäumen verrät die nächtliche Bleibe der Vögel.

Markant – die auffälligen roten Balzrosen des Auerhahns

Ich raune Nicolai meine Entdeckung zu und ermahne ihn zu absoluter Lautlosigkeit. Aber das ist kaum nötig, denn als auch er den Hahn in seinem Glas hat, erstarrt er zur Salzsäule. Wohl kaum ahnend, dass auch dem routinierten Jägeronkel das Herz im Halse schlägt.

Der Auerhahn hält weiter Kurs auf unsere Kanzel. Unter einem überhängenden, nur noch etwa 60 Meter entfernten Fichtenzweig hält er an, plustert sich auf und schüttelt sich, sodass wir im Fernglas das Wasser in alle Richtungen spritzen sehen. Dann marschiert er weiter. Ich flüstere noch rasch: „Nicolai, jetzt auch keine Bewegung mehr, die sehen verdammt gut!"

40 Meter vor uns verlässt der Urhahn den Weg und läuft im Hang weiter in unsere Richtung, wie ein Model auf dem Laufsteg. In 30 Metern Entfernung genau vor unserer Kanzel beschreibt er einen kleinen Kreis. Jede Einzelheit des herrlichen Vogels können wir im Fernglas erkennen.

Dann hat der Hahn genug vom Modeln. Er läuft wieder auf den Weg herunter, trippelt auf ihm die ganze Strecke zurück und verschwindet dort, wo er auftauchte. Mir steht der Mund vor Verblüffung offen wie ein Scheunentor. Und mir ist klar: Dieser Abend und diese Beobachtung werden bis ans Ende meiner Tage ein absolutes Highlight meines Outdoor-Lebens sein.

Ich schaue Nicolai verträumt an und sage: „Na, war das nicht toll?"

Und was antwortet der Bursche? „Ja, schon." Und nach kurzem Schweigen: „Aber ein Reh wäre auch nicht schlecht gewesen."

Alles wohl eine Frage des Blickwinkels ...

Am Boden lebt sich's gefährlich

Dass Auerhennen schlichter daherkommen und auf jedwede auffällige Mode verzichten, hat seinen Grund. Alle Hühnervögel sind Bodenbrüter, die Weibchen legen also ihre sechs bis zwölf Eier versteckt am Erdboden ab und brüten knapp vier Wochen auf ihnen. Vier lange Wochen, in denen sie und ihre Nachkommen in spe angreifbar von Fressfeinden wie zum Beispiel dem Fuchs sind. Das Letzte, was sie sich da leisten können, ist, solche Feinde mit einer auffälligen Optik auf sich aufmerksam zu machen.

Ihre Küken sind, wie die aller Bodenbrüter, sogenannte Nestflüchter und rasch nach dem Schlüpfen mobil. Sie gehen schon bald selbstständig auf Nahrungssuche, halten es in ihren ersten zwei Lebenswochen ohne Mama aber nicht lange aus. Deren Körperwärme und fürsorgliches „Hudern" brauchen sie noch regelmäßig.

Liebe macht ihn manchmal blind

Was das Liebesleben betrifft, hat die Auerhenne es gar nicht nötig, sich wie die Hähne „in Szene zu setzen", denn am Ende entscheidet sie, welcher der Galane sich als fortpflanzungswürdig erwiesen hat und zum Zuge kommt. Dem geht allerdings ein eindrucksvolles Balz- und Bewerbungsschauspiel voraus. Das findet, je nach Witterungsverlauf und Höhenlage, zwischen Ende März bis in den Juni statt.

Schon im Dunkeln werben die Auerhähne am Morgen um die Gunst der Hennen, oft an Balzplätzen mit langer Tradition. Dieser erste Teil wird auch die „Baumbalz" genannt, denn ein Hahn oder mehrere lassen ihre Balz-Arien jetzt noch von erhöhter Warte, das heißt einem Baum, ertönen. Das etwa sechs Sekunden dauernde „Gesetz'l", wie diese Arie in der Jägersprache auch heißt, gliedert sich in verschiedene Elemente: das „Knappen", den „Triller", den „Hauptschlag" und zuletzt das „Wetzen" oder „Schleifen".

Dieses letzte Wetzen war in fast schon grauer Vorzeit, in denen das Auerwild noch häufig war und bedenkenlos bejagt werden konnte, eine wichtige Gesangspassage für beutewillige Waidmänner (Waidfrauen waren damals noch seltener als heute). Dieses Wetzen wurde zum sogenannten „Anspringen" des Hahns genutzt. Während dieser Balzstrophen-Endsequenz verschließen sich nämlich dessen Augen und Gehörgänge, und man versuchte,

in dieser kaum messbaren Zeit immer näher an die ersehnte Beute heranzukommen, um sie auf maximal 30 Meter mit der Schrotflinte erlegen zu
können.

Wer am Ende des Wetzens noch herumhopste, hatte das Nachsehen,
denn der Hahn quittierte das mit sofortigem Abgang. Wer das Ende nicht
verpasste, lieferte oft einen amüsanten Anblick: Mit dem ganzen Körper in
Schieflage eingefroren und unter zitternder Anspannung, ein Bein vielleicht sogar noch angehoben, musste abgewartet werden, bis der Hahn die
nächste Balzstrophe bis zum Einsetzen des Wetzens absolviert hatte.

Nach der Baum- die Bodenbalz

Zurück zum Balzgeschehen: An die Baumbalz der Hähne schließt sich
nach Einsetzen des Tageslichts die Bodenbalz an: Die Hähne verlassen ihre
hohe Warte und lassen sich auf ein halbwegs bewuchsfreies Plätzchen an
der Erde nieder, um dort zwischen den mittlerweile eingetroffenen Hennen
weiter zu buhlen. Zwischen den Hähnen, deren Testosteronspiegel in der
Balz um auf fast das Hundertfache ansteigen kann, kommt es jetzt dann
auch mal zum Kampf. Trotzdem erteilen am Ende aber die Hennen diesem
oder jenem Hahn den Zuschlag.

Insekten und Beeren – das A und O

Eine Bejagung erlauben die Auerwildbestände schon seit langer Zeit
nicht mehr. Seriösen Untersuchungen zufolge war die Jagd aber nie der
Grund für ihren Niedergang. Das Hauptproblem ist, wie so oft, der Verlust
geeigneter Lebensräume: Während die Küken in den ersten Lebenswochen
fleischliche Kost, das heißt die in ihrer Zahl rapide abnehmenden Insekten
und vor allem Waldameisen brauchen, sind die Altvögel auf Gedeih und
Verderb auf nadelholzreiche Wälder und eher saure Böden mit einem
hohen Vorkommen an Beerensträuchern – vor allem der Heidelbeere – angewiesen. Deren Triebe, Blätter und Früchte stellen einen Großteil ihrer
Nahrung im Sommer dar, die Nadeln und Knospen von Fichte, Tanne und
Kiefer werden dann im Winter verspeist.

Auerhennen sind in Tarnfarben gehalten.

Beerensträucher kommen aber nur dort vor, wo der Baumbestand noch etwas Licht auf den Waldboden vordringen lässt. Solche Wälder waren bei der herkömmlichen, jahrzehntelang herrschenden Waldbewirtschaftung, die auf dichten Kronenschluss für optimale Lichtausnutzung durch die Holz liefernden Bäume setzte, eher die absolute Ausnahme. Heute ist man da weiter und versucht, zumindest in den letzten Refugien des Auerwildes den Wald teilweise im Interesse dieser herrlichen Tiere zu bewirtschaften.

Den urigen Vögeln ist zu wünschen, dass die Bemühungen fruchten.

Der mächtige Kolkrabe ist
der größte Raben- und
Singvogel der Erde.

RABENVÖGEL – VON GROSS UND SCHWARZ BIS FARBENFROH

GUT EINE STUNDE WAREN SIE ALLEIN, jetzt kommt einer der Alt-vögel zum Horst zurück. Ich höre ihn zuerst, denn seine Rufe nehme ich mittlerweile fast reflexhaft wahr. Ein Blick durch das Spektiv auf die etwa 500 Meter entfernte Felswand bestätigt, was ich höre. Über dem Rand des mächtigen Horstes sind karminrote Pünktchen, die Rachen der Jungvögel, gut auszumachen. Die Botschaft der weit aufgesperrten Schnäbel ist un-missverständlich: „Wir sind hier und haben Kohldampf!"

Kurz darauf landet Mama oder Papa auf dem Horstrand und stopft ir-gendetwas in die hungrigen Mäuler. Satt scheinen die Kleinen nie zu sein, denn nachdem der Altvogel wieder abgeflogen ist, sind die fordernd aufge-rissenen Schnäbel noch eine ganze Weile zu erkennen, bis die Jungraben wohl einsehen, dass vorläufig nichts mehr zu erwarten ist.

Das Ganze spielte sich während der Datenerhebung für meine schon ein-mal erwähnte Diplomarbeit ab. Seit Beginn des Studiums der Forstwissen-schaften hatte ich gewusst, dass mich von den vielen Inhalten der Fachbe-reich „Wildbiologie und -ökologie, Jagdwissenschaften" am meisten fesseln würde, auch wenn der als eher randständig galt. Und so klopfte ich irgend-wann wegen der Diplomarbeit an die Tür ebenjenes Professors.

„Die Wiederbesiedlung des Schwarzwaldes durch den Kolkraben" lau-tete der Arbeitstitel. Fragestellungen: 1. Woher und wie erfolgte die Rück-kehr der Art in den Schwarzwald? 2. Wie viele Brutpaare gibt es derzeit?

Der Mensch – des Raben Tod

Wieso Rückkehr? Weil der Kolkrabe nach jahrhundertelanger, systemati-scher Verfolgung durch den Menschen in Teilen Mittel- und Westeuropas vollständig ausgerottet war. Mit allen verfügbaren Mitteln bis hin zu Giftködern hatte man den Vögeln zugesetzt. Lange Zeit konnten sich hierzulande nur noch in Schleswig-Holstein, Teilen Niedersachsens und Mecklenburg-Vorpommerns sowie im Alpenraum spärliche Restvorkommen halten. Der Grund für den gnadenlosen Umgang mit der Vogelart war zum einen das früher verbreitete Konkurrenzdenken des Menschen. Der Kolkrabe galt als Schädling der Landwirtschaft und der Jagd.

Hinzu kamen Mythos und Aberglaube: Als Galgenvogel, Todesvogel und Unglücksbote hatte er über Jahrhunderte ein miserables Image – noch heute sprechen wir von Unglücksraben, auch wenn wir damit vielleicht eher Pechvögel meinen. Das war nicht immer so: In der nordischen Mythologie zum Beispiel galt der große, schwarze Vogel noch als Symbol für Weisheit. Gott Odin selbst war stets in Begleitung der Raben „Hugin" und „Munin", und auch in den Erzählungen nordamerikanischer Indianer und Inuit spielte er eine durchaus positive Rolle. Mit dem Aufkommen des Christentums und dem Rückgang der Naturreligionen, spätestens mit der Inquisition und der Hexenverfolgung änderte sich das. In zahlreichen Darstellungen jener Zeit zum Beispiel sind neben den „Hexen" auch Raben als deren Gefährten verewigt.

Mit der Unterschutzstellung des Kolkraben durch ausgerechnet das nationalsozialistische Reichsnaturschutzgesetz im Jahr 1935 wendete sich sein bedauernswertes Schicksal. Ende der 1960er- und in den 1970er-Jahren tauchten erste Exemplare der ausgesprochen anpassungsfähigen Vögel wieder im Südschwarzwald auf, heute lebt Wilhelm Buschs „Hans Huckebein" glücklicherweise wieder in weiten Teilen Deutschlands.

Gebannt und relaxed bei Schnee und Eis

Aber zurück zu den „roten Punkten" in der Felswand. Die gierigen Verursacher hocken dort in einem meiner Lieblingsrabenhorste jener spannenden, abenteuerlichen und frischluftreichen Zeit. Diesen Horst kann ich so gut wie kaum einen anderen einsehen: Der Beobachtungsspot ist zwar weit von den Raben entfernt, er liegt aber um einiges höher als das Rabendomizil und gewährt so guten Einblick ins Geschehen. Im Gegensatz zu meinen Standorten an den meisten anderen Horsten ist dieser außerdem leicht zu erreichen. Und nicht zuletzt: Er liegt auf einer der für den Südschwarzwald typischen,

Kolkrabe

zur Rinderhaltung genutzten und daher weitgehend wald- und strauchfreien Hochfläche. Und garantiert so bei entsprechendem Wetter jede Menge Sonnenwärme, die von gleißenden Schneeflächen reflektiert wird. Zwei, drei Stunden herumfaulenzen, in der Sonne liegen, ab und zu mal durchs Fernrohr schauen, Interessantes beobachten und Notizen machen – da gibt es doch Schlimmeres!

Gleißender Schnee? Ja, der Kolkrabe brütet früh, sehr früh. Wenn der Winter Anfang Februar noch in Höchstform ist, legt ein Kolkrabenweibchen mitunter schon ihre Eier. Das Brutrevier hat das Paar dann längst bezogen und verteidigt es. Schon im Januar kann man ihr beeindruckendes Umeinander-Werben beobachten: Dazu gehört für die Paare Flugakrobatik aus gemeinsamem Kreisen, Flugrollen, „Auf-dem-Rücken-Fliegen" und Wellenflügen, alles begleitet von häufigen Rufen. Zur Balz gehört aber nicht nur Show, sondern auch Zärtlichkeit: gegenseitige Gefiederpflege, Kraulen mit dem Schnabel und einander Füttern.

Aller Anfang ist schwer

Das und alles andere wusste ich zu Beginn meiner Diplomarbeit noch nicht, das Thema „Kolkrabe" bedeutete völliges Neuland. Anhaltspunkte für mögliche Niederlassungen mit Bruten waren zunächst vor allem die Vögel selbst.

Wie sollte ich zum Beispiel die vollständig schwarzen Vögel überhaupt eindeutig von den ebenfalls vollständig schwarzen und auch sonst fast iden-

Rabenkrähe

tischen Rabenkrähen unterscheiden? Sicher, der fast armlange Kolkrabe ist rund 30 Prozent größer als die Rabenkrähe und zwei- bis dreimal so schwer, aber woher weiß ich ohne jede Bezugsgröße, ob ein Vogel am Himmel eine Krähe in 200 Metern oder ein Kolkrabe in knapp 300 Metern Höhe ist? Selbst ein weit entfernt in einer Wiese sitzender Vertreter der Art wäre anhand der Größe allein schon nicht so einfach zu bestimmen.

Zumindest hier im Schwarzwald, westlich der Elbe, ist die Rabenkrähe, offiziell *Corvus corone corone*, gleichsam ein Spiegelbild des Kolkraben. Die sogenannte Farbmorphe Rabenkrähe ist nämlich nur die vollkommen schwarze Variante der Art Aaskrähe.

Im Nordosten Deutschlands lebt unter dem Titel *Corvus corone cornix* deren Schwester, die Nebelkrähe. Sie ist überwiegend mausgrau, schwarz sind an ihr nur Kopf, Kehle und Flügel. Raben- und Nebelkrähe können sich zwar miteinander kreuzen, halten sich bislang aber dennoch beide mehr oder weniger an die Elbe als Grenze – westlich davon schwarze Rabenkrähen, östlich des Flusses graue Nebelkrähen.

„T" versus „Kreuz"

Das Auseinanderhalten der beiden rabenschwarzen Arten Kolkrabe und Rabenkrähe war dann aber schnell geklärt, denn es gibt eindeutige Unterscheidungsmerkmale: Der Schwanz des Kolkraben endet keilförmig, der der Rabenkrähe schließt mit einer leichten Rundung ab. Dann sind da noch der Kopf und der klobige Schnabel des Raben. Sie stehen im Flug regelrecht vor und fallen fast immer deutlich stärker auf als bei der Rabenkrähe. Während die Krähe einem fliegenden „T" ähnelt, erinnert der Rabe eher an ein fliegendes Kreuz.

Am hilfreichsten zur Identifizierung sind allerdings die Rufe der beiden Arten. Der Kolkrabe verfügt zwar über ein deutlich größeres Lautspektrum als die Rabenkrähe, aber alle seine Rufe unterscheiden sich deutlich von deren Krächzen. Und der Rabe kann so gut wie nie den Schnabel halten und begleitet seinen Flug mit stetigem Rufen.

Apropos Laute: So wenig wie die Reibeisenstimme der Krähe erinnern die Rufe des Raben auch nur im Entferntesten an den melodiösen Gesang einer Amsel, einer Singdrossel oder einer Lerche. Wer kam eigentlich auf die Idee, die schwarzen Gesellen den Singvögeln zuzuschlagen? Ja, richtig gelesen, beide gehören wie Amsel, Singdrossel, Lerche, Star, Nachtigall zu dieser Unterfamilie. Der Taxonomie zufolge ist der Kolkrabe damit in einer Beziehung Rekordhalter: Er ist der größte Singvogel der Welt!

An Felsen, aber auch auf Bäumen

Vollkommen orientierungslos musste ich allerdings bei der Suche nach möglichen Rabenbruten nicht durch den verschneiten Schwarzwald irren, denn die Vögel haben ihre Vorlieben. Von den Schweizer Raben war bekannt, dass sie bevorzugt in Felsen brüten, wenn die die Anlage eines Horstes gestatten und hoch genug sind, um den Sicherheitsanforderungen der Raben zu genügen. Allerdings gibt es im Schwarzwald auch eine erkleckliche Zahl an Felswänden und hundertprozentig verlassen kann man sich auf diese Priorität auch nicht: Kolkraben sind sehr wohl in der Lage, sich auf Baumhorste umzustellen, und sie tun das spätestens dann, wenn das Angebot an Felsstandorten ausgereizt ist. Das dauert allerdings, denn die Vögel sind begnadete Horstkonstrukteure, können an den unmöglichsten Stellen ihre stattlichen Nester von fast einem Meter Durchmesser und einem halben Meter Höhe errichten. Werden die Horste über mehrere Jahre genutzt – was keine Seltenheit ist – wachsen sie stetig weiter.

„Häuslebauen" ist sein Ding

Horste zu bauen, ist ohnehin das große Faible des Kolkraben. Er scheint geordnete Verhältnisse zu mögen: Ein Paar bleibt in monogamer Dauerehe so lange zusammen, wie beide Vögel leben. So hat es bei einer Lebenserwartung von über 20 Jahren genug Zeit für den Aufbau einer gemeinsamen Existenz und das schwäbische Credo „Schaffe, schaffe, Häusle baue". Wo es Größe und Struktur einer Felswand erlauben, legen sie durchaus auch mehrere Horste an, die dann wechselweise zum Brüten genutzt werden. Dann

Die Nebelkrähe lebt in Deutschland östlich der Elbe.

sind da noch die „Spielhorste", die junge Paare noch ohne ernsthafte Brut-
absichten bauen. Von den Weibchen ist bekannt, dass ihre Geschlechtsreife
erst mit drei Jahren eintritt, dann in der Regel aber noch ein Jahr bis zur
ersten Brut verstreicht. „Früh übt sich, was ein Meister werden will", scheint
aber die Devise, denn bis dahin üben sich viele Teenie-Paare schon einmal
im Horstbau.

Mitunter überschätzen die Vögel aber auch ihre Geschicklichkeit als Bau-
meister. Einer „meiner" Rabenhorste war, soweit ich das erkennen konnte,
in geradezu abenteuerlicher Weise auf einem einzigen Weidenstämmchen
errichtet, das sich in einem annähernd senkrechten Felsspalt festgekrallt
hatte. Und das Brutdomizil in spe wuchs und wuchs auf dem fragwürdigen
Fundament. Meine Frage: „Wie um Gottes willen kann denn da ein Horst
halten?", beantwortete sich dann bei einem meiner nächsten Besuche: Der
Horst hatte nicht gehalten, war traurigerweise im Abgrund verschwunden.
Wie weit das Brutgeschehen zu dem Unglückszeitpunkt schon gediehen
war, weiß ich nicht. Jedenfalls konnte ich keine Ersatzbrut des Paares an
anderer Stelle feststellen. Dazu kann es kommen, sollte der erste Brutver-
such nicht erst in fortgeschrittenem Stadium scheitern.

Intelligenzbestien

Rabenvögel und vor allem der Kolkrabe gelten als Inbegriff tierischer Intelligenz. Diesem Ruf wird der große Rabe zum Beispiel bei der Nahrungsbe-
schaffung gerecht. Die Nahrung selbst umfasst so ziemlich alles an pflanzlicher und tierischer Kost, was in seinen Lebensräumen von der Küste bis ins
Hochgebirge verwertbar und nicht bei drei auf dem Baum ist. Viele Wildtiere sind ja breit aufgestellt in ihrem Speiseplan – wie breit, hängt nicht
zuletzt davon ab, ob sie sich potenzielle Nahrungsquellen auch erschließen
können. Was nützt zum Beispiel die vitaminreiche Energiebombe Mu-
schelfleisch, solange sie unerreichbar zwischen zwei harten Schalen eingeschlossen ist? Der Kolkrabe weiß sich zu helfen: Er lässt Muscheln aus großer Höhe auf Felsen oder andere harte Unterlagen herabfallen, sodass die
Kalkschalen zerbrechen. Die kleinen Teilstücke dann wiederzufinden, be-
reitet seinen messerscharfen Augen keine Probleme. Ganz ähnlich verfährt
er mit Nüssen und Schnecken.

Auch seine Strategien, in offener Landschaft nach Nahrung zu suchen, passt der Kolkrabe an: Je nach Verhältnissen unternimmt er Suchflüge, peilt von einer Warte aus oder er geht auch einfach mal zu Fuß. Als Fußgänger räumt er bei Bedarf Erde, Holzstücke und anderen Unrat zur Seite und nimmt im Zweifelsfall Proben, wenn ihm etwas essbar erscheint.

Seine sprichwörtliche Lernfähigkeit beweist er gerade auch im Winter, wenn es im Hinblick auf Verköstigung selbst für ihn enger wird: Seit jeher berichten vor allem Gebirgsjäger, dass bald nach einem Schuss auf Hirsch, Gams oder Reh Kolkraben geierähnlich am Himmel kreisen. Die schlauen Vögel wissen schon lange, dass nach einem lauten Knall etwas für sie abfällt: die Innereien des erlegten Wildes nach dem Ausweiden nämlich.

Zur rechten Zeit am rechten Ort zu sein, ist eine Spezialität des weltweit größten Singvogels. Nutztierherden zur Lamm- und Kälberzeit regelrecht zu überwachen, ist ein Beleg dafür. Schafherden sind da besonders attraktiv. Da fallen Nachgeburten und mitunter auch Totgeburten an, und beides ist für die Vögel willkommene Nahrung. Bei Rinderherden inspizieren sie auch gern den Kot der Tiere auf Fressbares hin.

Menschen? Lass sie kommen …

Eine unglaublich clevere Reaktion auf mögliche Bedrohungen stelle ich dann selbst während meiner Diplomarbeit fest: Einer der Kolkrabenhorste befindet sich an einem bekannten, nicht sehr hohen und nach meinem Ermessen wenig sicheren Felsen. Dieser Felsen heißt bezeichnenderweise seit Menschengedenken „Rabenfelsen" und ist oben mit einer Aussichtsplattform nebst Geländer ausgestattet. Ein recht breiter Wanderweg führt zu dem beliebten Ausflugsziel.

Zu Beginn der Brutsaison geht es auf Fels und Weg ruhig zu. Wohl wegen des rund halbmeterhohen Schnees. Doch finden sich im weiteren Verlauf des Brutgeschehens immer häufiger Wanderer und andere Erholungssuchende auf dem Rabenfelsen ein. Keiner von ihnen ahnt, dass nur etwa sieben bis acht Meter unterhalb der Aussichtsplattform in vereistem Fels eine Kolkrabenfamilie haust. Und die Altvögel tun alles, damit das so bleibt. Jedes Mal, wenn sich Menschen dem Felsen nähern, verlassen sie frühzeitig sowie vollkommen geräuschlos den Horst, lassen sich in blickdichten Nadelbäumen in unmittelbarer Nähe nieder und ... warten einfach ab. Kein Schimpfen, kein Alarmruf, nichts. Haben sich die Zweibeiner wieder verzogen, kehren die Altraben, wieder vollkommen gelassen, zum Horst und ihren Jungvögeln zurück. Ihr Motto scheint zu sein: „Bloß kein Aufsehen erregen."

Vollkommen anders reagieren die Altvögel an einem anderen, recht frisch entdeckten Horst, der aufgrund seiner Lage eigentlich unerreichbar scheint. Weit und breit kein Weg oder irgendeine andere brauchbare Zugangsmöglichkeit. Auf komfortable Infrastruktur kann ich mich während meiner Rabenexkursionen aber meist nicht verlassen. Will ich das Geschehen etwas genauer unter die Lupe nehmen, muss ich Unbequemlichkeiten in Kauf nehmen. Also steige ich in rund 500 Metern Entfernung zum Horst in den Steilhang, um einen geeigneten Beobachtungsposten zu finden. Da habe ich die Rechnung aber ohne den Wirt, in diesem Fall die Altvögel, gemacht: Keine 50 Meter weit bin ich gekommen, als sie mich aufs Korn nehmen. Abwechselnd kommen die Vögel vom Horst zu mir geflogen, kreisen über meinem Kopf und schimpfen währenddessen lautstark unentwegt. Ein Mensch mitten in diesem Steilhang? Das ist mehr als ungewöhnlich, davor muss gewarnt werden, der Eindringling muss gestellt oder, besser noch, vertrieben werden. Ich habe ein Einsehen und verziehe mich wieder. Später finde ich dann glücklicherweise auch einen für die Raben weniger adrenalinträchtigen Beobachtungspunkt.

Ist das eine brauchbare Beobachtung und kann ich die auffallend unterschiedlichen Reaktionsmuster der beiden Altrabenpaare wissenschaftlich seriös in der Arbeit unterbringen? Ich kann, denn zu meiner Freude und natürlich nicht ganz ohne Stolz finde ich diese „evasive" (ausweichende) und „defensive" (verteidigende) Reaktion später in der wissenschaftlichen Literatur von einem der europäischen Kolkraben-Päpste beschrieben ...

Unter seinen Verwandten – zur Familie der Rabenvögel zählen bei uns noch Aaskrähe, Saatkrähe, Dohle, Elster, Eichelhäher, Alpenkrähe und Alpendohle – ist der große Rabe nicht besonders gut gelitten. Geht es darum, Greifvögel zu vertreiben, und darum geht es oft, zeigen sich die kleineren Verwandten gern solidarisch und machen gemeinsame Sache. Gegen den größten Verwandten tun sie sich aber auf ähnliche Weise zusammen. Schon Konrad Lorenz stellte fest, dass der Kolkrabe außerhalb des „Schutz- und

Trutzbündnisses" der Rabenvögel stehe. Kein Wunder, denn der benimmt sich seinerseits auch nicht besonders familienfreundlich: Die Gelege seiner kleineren Schwestern und Brüder sind vor seinem Appetit genauso wenig sicher wie die anderer Vogelarten.

Markwart, der Häher

Der trockene Puderschnee ist ganz frisch gefallen und macht so gut wie kein Geräusch, wenn ich meine bestiefelten Füße hineinsetze. Kein Laub an den Bäumen, eine schneeweiße Szenerie, die jede Bewegung erkennen lässt – ideale Voraussetzungen für meine Pirsch an diesem Dezembermorgen. Um das Abschuss-Soll zu erfüllen, müsste ich noch drei Rehe erlegen. Und ich scheine Glück zu haben, denn vor drei Minuten habe ich ein geeignetes Reh im Tannen-Buchen-Bestand ausgemacht und versuche nun, eine gute Schussposition zu finden. 20 Meter näher muss ich noch kommen, bis zu der jungen Buche, an der ich das Gewehr anlegen kann …

Pustekuchen: Ein lautes „Rätschen" über mir lässt mich innerlich fluchen und das Reh aufmerksam in meine Richtung starren. Da ich jetzt auch noch ins Straucheln gerate, einen kleinen Ausfallschritt machen muss und mich bewege, haut meine ersehnte Beute ab und sagt beim Abschied nicht einmal leise „Servus".

Zu verdanken hat das Reh sein Leben dem Wächter des Waldes, dem Eichelhäher. Ihm entgeht fast nichts. Und wenn ihm etwas suspekt vorkommt, versetzt er mit seinem durchdringenden Warnruf nicht nur seine Artgenossen in Alarmbereitschaft. Diesem Warnverhalten soll der volkstümliche Name Markwart für den Eichelhäher geschuldet sein. So nennt ihn zum Beispiel Hermann Löns. Auch mich hat er heute nicht zum ersten Mal verraten.

Erstaunlich eigentlich, dass viele Menschen weder den markanten Ruf noch den Vogel selbst kennen, denn der Waldbewohner ist nicht besonders selten und noch dazu ein echter Hingucker. Optisch hat der gut 30 Zentimeter lange Vogel deutlich mehr zu bieten als das Schwarz oder Grau oder Weiß, das das Gefieder der übrigen Rabenvögel dominiert. Nacken, der vordere Teil des Rückens, Brust und Bauch zeigen sich rötlich beige bis matt fuchsfarben, ein stellenweise leicht cremefarbenes Weiß trägt er auf der

Kehle, dem Steiß, den Deckfedern der Schwanzunterseite und am Bürzel. Auffällig sind die schwarz-weiß gestrichelten Scheitelfedern, die der Vogel bei Erregung aufstellt, außerdem die schwarzen Bartstreifen und die schwarzbraunen Steuerfedern der Flügel. Ins Auge stechen ganz besonders auch die himmelblauen, schwarz gebänderten Federchen an den vorderen Flügelrändern.

Optisch mithalten kann da unter den Verwandten allenfalls die kontrastreiche Elster. Deren Bauch, Flanken und Schultern sind weiß. Breitet sie die Flügel aus, werden auch die überwiegend weißen Handschwingen

„Polizei des Waldes" wird der Eichelhäher wegen seiner Aufmerksamkeit scherzhaft auch genannt.

*Im Feld und in unseren Siedlungsbereichen
ist die Elster häufig, den Wald meidet sie.*

sichtbar. Ihr übriges Gefieder ist weitgehend schwarz und glänzt metallen. Vervollständigt wird ihr ansprechendes Äußeres durch einen, je nach Lichtverhältnissen, metallisch grünen, blauen oder purpurfarbenen Schimmer auf den Schwanzfedern und den äußeren Hälften der Schwungfedern.

Die Elster im Wald zu beobachten, gelingt allerdings sommers wie winters nur an dessen Rändern. Vorwiegend lebt sie im Kulturland, in Knicks, in Alleen sowie in Parks, Gärten und auf Friedhöfen in unseren Dörfern und Städten.

In unseren Wäldern lebt der Eichelhäher jahrein, jahraus. Sein umfangreiches Nahrungsspektrum richtet sich vor allem nach dem jahreszeitlichen Angebot. Von Frühjahr bis Herbst überwiegt der tierische Anteil, zu dem auch die Eier anderer Vögel zählen, im Spätherbst und im Winter steigt der pflanzliche Anteil deutlich. Und jetzt wird sein Name zum Programm: Neben Bucheckern, Haselnüssen und Edelkastanien schätzt er vor allem Eicheln. Gibt es von all dem zu wenig, steigt er auch auf Ackerfrüchte um: hier vor allem auf Mais, aber auch auf Getreide und Buchweizen.

Um immer und insbesondere auch an klirrend kalten Wintertagen mit viel Schnee trotz Nahrungsknappheit ausreichend versorgt zu sein, „bunkert" der Eichelhäher überschüssige Nahrung, insbesondere vor Anbruch des Winters. Er legt, ähnlich dem Eichhörnchen, Vorratsdepots an. Eicheln und anderen Nussfrüchte sammelt er vom Beginn deren Reife im August bis in den frühen Winter. Das Sammelgut versteckt Markwart gern an Waldrändern und Lichtungen, in der Bodenstreu, in Löchern und Spalten, in der Vegetation oder an Baumwurzeln. Meist wird nur eine Frucht, seltener zwei oder drei an einer Stelle deponiert. Untersuchungen zufolge kann es ein Eichelhäher in etwa 20 Tagen intensiven Sammelns auf über 2 000 Eicheln und damit mehr als zehn Kilogramm Vorrat bringen.

Damit hamstert er offenbar zu viel des Guten, denn nur auf einen kleinen Teil dieser Vorräte greift er später auch wirklich zurück. Und viele nicht genutzte Eicheln treiben dann irgendwann aus. Viele mächtige Vertreter des typischen deutschen Wappenbaums in unseren Wäldern sind aus sogenannten „Häher-Saaten" entstanden.

mâle

souacil blanc
très marqué
du bec à l'arrière
de la tête

queue courte,
large et
arrondie

49 à 56 cm

pour 500 à 1100 g

Taille d'un épervier
femelle

Habicht

Autour des palombes

DER HABICHT –
EIN ÜBERRASCHUNGSJÄGER

JETZT HAT ES IHN ERWISCHT. Regelmäßig habe ich den Eichelhäher bei der morgendlichen Runde mit Hund gesehen. Er saß an der mehr oder weniger gleichen Stelle auf dem Weg oder turnte in der Nähe am Boden herum. Nie flog er weit weg, wenn wir ihn aufscheuchten, sondern ließ sich schnell wieder auf einem Ast nieder. Was er auf dem Weg zu schaffen hatte, weiß ich nicht – Eicheln verstecken? Jedenfalls habe ich mich ein wenig über seine Unbedarftheit gewundert, für die er jetzt offenbar bezahlen musste: Mitten auf dem Weg finde ich ein paar Blutflecken im festgetretenen Schnee, dazu ein, zwei Schwanzfedern und ein paar andere. Ein Federchen ist typisch blau-schwarz gestreift und weist das Opfer eindeutig als Eichelhäher aus. Er hat also nicht nur meine Aufmerksamkeit erregt, wie es scheint.

Täter war mit ziemlicher Sicherheit ein Habicht. Dafür sprechen der Tatort Wald, die Wahl des Opfers und nicht zuletzt die Rupfung selbst. Nach den ersten beiden Indizien könnte auch der kleinere Verwandte des Habichts, der Sperber, für den „Mord" verantwortlich gemacht werden. Insbesondere das Sperberweibchen ist deutlich kräftiger als der „Sprinz", wie man zu Sperbermännchen sagt, und wird leicht mit einem Eichelhäher fertig. Dass an der Rupfstelle jedoch nur wenige Federn liegen, spricht eher für den Habicht. Dieser Greifvogel hinterlässt nur selten viele Federn einer Beute an nur einem Platz. Und er ist unter den Greifen einer von Markwarts Hauptfeinden im Wald, vor allem auch im Winter. Den verbringt er bei uns, und währenddessen bekommt er dann und wann noch Besuch von den ziehenden Artgenossen aus Nord- und Osteuropa.

Ansitz- und Pirschflugjäger

Anders als Mäusebussard, Rotmilan und Weihe jagt der Habicht mindestens so gern im Wald wie im Offenland. Rein körperlich bringt er dafür gute Voraussetzungen mit: Neben dem vergleichsweise langen Schwanz kennzeichnen ihn eher kurze, abgerundete Flügel, dank derer er zu sehr raschen Richtungswechseln in der Lage ist. Diese Wendigkeit erlaubt ihm, Bäumen auszuweichen und seiner Beute im Wald über kürzere Strecken dicht auf den Fersen zu bleiben. Von einer Ansitzwarte nach Beute zu spähen und diese nach kurzem, schnellem Verfolgungsflug zu schlagen, ist daher eine seiner bevorzugten Jagdmethoden. Eine weitere ist der Angriff aus dem bodennahen Such- oder Pirschflug.

Von der Meise bis zum Hasen

Eine Vielzahl von Tieren kann dem kräftigen Jäger zum Opfer fallen. Das schwächere Männchen, der „Terzel", schlägt überwiegend kleine Vögel wie zum Beispiel Stare, Amseln und andere, oder kleinere Säuger bis zur Größe eines Eichhörnchens. Das um ein Drittel schwerere Weibchen traut sich da schon mehr zu: Es erbeutet Hühner, Tauben, kann aber auch Kaninchen und sogar Hasen überwältigen. Selbst Auerhennen, Mäusebussarde und kleinere Eulen sind vor ihm nicht sicher. Um es einmal anders auszudrücken: Habichte schlagen Beutetiere von fünf Gramm bis zu deutlich über drei Kilogramm Gewicht. Im Mittelmeerraum, dem Süden ihres europäischen Verbreitungsgebietes, gehören auch Reptilien zu ihrer Kost.

Was genau auf dem Speiseplan stand, lässt sich anhand der sogenannten „Gewölle" erkennen. Das sind die Speiballen aus unverdaulichen Nahrungsresten, die alle Greifvögel, Falken und Eulen immer wieder auswürgen. In den Gewöllen der Tagjäger finden sich dabei deutlich weniger Knochenreste als in denen der Eulen. Ihre Magensäure ist aggressiver als die von Waldkauz, Schleiereule und Co. und zersetzt auch schwache Knochen.

Wenn Fuchs und Marder bei Geflügelhaltern das unterste Ende des Sympathie-Rankings besetzen, so tut das der „Hühnerhabicht" unter den Vögeln. Hat der starke Jäger einmal frei laufendes und ungeschütztes Federvieh rund um Häuser und Höfe entdeckt, schaut er durchaus öfter mal vorbei, um sich bei der leichten Beute zu bedienen. Wer wollte von ihm ernsthaft erwarten, dass er einen gedeckten Tisch ignoriert?

Das übliche Dilemma: Wir möchten in unseren vom Mensch geprägten Landschaften Natur und Harmonie in jedem Winkel: mit möglichst vielen Wölfen, Füchsen, Habichten & Co. Und wir möchten unser Federvieh, unsere Schafe und Stallhasen glücklich und frei herumlaufen lassen. Wenn das dann so nicht zusammenpasst, wenn Prädatoren auf unsere Vorstellungen von Natur pfeifen und sich verständlicherweise dort bedienen, wo das leicht möglich ist, wundern und ärgern wir uns, rufen nach Kontrolle, Behörden und den Verantwortlichen.

Kraftpaket mit grimmigem Blick

Immer wieder einmal bekam ich bei Ansitzen im Wald einen Habicht zu Gesicht. Wie aus dem Nichts tauchte der Greifvogel auf, um sich manchmal auch in der Nähe auf einem Ast niederzulassen. Mitunter hatte ich Glück, und er blieb so lange sitzen, dass ich das Fernglas ganz langsam und unbemerkt an die Augen heben und ihn länger betrachten konnte.

Adulter Habichtsterzel (l.) und juvenile weibliche Habichte

Der Habicht jagt häufig im Wald.

Jedes Mal faszinierte mich der majestätische Greifvogel: Sein unnahbarer Blick wirkt immer so, als sei nicht besonders gut Kirschen essen mit ihm. Dazu tragen vor allem die bei jungen Habichten gelben, später dann rötlich orangen Augen bei, die aus dem ansonsten dezent gefärbten Gefieder des Greifvogels geradezu hervorstechen.

Altvögel sind oberseits schiefergraubraun, einjährige eher bräunlich gefärbt. Die Unterseite erwachsener Habichte ist nahezu weiß und zeigt feine, braune Querbänder. Dieses Muster wird auch „gesperbert" genannt, weil auch der Sperber sie aufweist. Der ähnelt dem Habicht ohnehin sehr stark, ist allerdings deutlich kleiner.

Einjährige Habichte zeigen bis zur Mauser ins erste Alterskleid eine hell-gelbe, beige oder ins Orange spielende Unterseite mit senkrechter, dunkler Tropfen- oder Strichzeichnung.

Warum der Habicht deutlich größere Beutetiere schlagen kann als der Mäusebussard, obwohl Letzterer kaum kleiner als ein Habichtsweibchen ist, wurde mir bei solchen Beobachtungsgelegenheiten deutlich: Die Fänge des Habichts, seine Füße also, sind ungleich kräftiger als die Bussardfänge, die Krallen daran deutlich größer. Von ihnen gepackt zu werden, wünscht man sich nicht wirklich …

Ein Grifftöter und Flugakrobat

Die Fänge setzen Habichte nicht nur zum Fassen, sondern auch zum Töten der Beute ein. Wie alle Greifvögel bohren sie mit festem Schraubstockgriff dem Opfer die Krallen in lebenswichtige Organe. Greifvögel werden des-wegen zu den „Grifftötern" gezählt. Anders die Falkenarten als sogenannte Bisstöter: Sie fixieren ihre Beute mit den Fängen nur, um sie dann mit ge-zielten Schnabelbissen in den Nacken oder Hinterkopf ins Jenseits zu beför-dern. Ihr Falkenzahn, ein kleiner Zacken an den Kanten des Oberschna-bels, ist wie gemacht dafür.

Spektakulär wie der ganze Vogel sind auch die Balzflüge des Habichts. Mit etwas Glück kann man sie im Spätwinter, manchmal schon im Novem-ber oder Dezember in größeren Waldgebieten beobachten. Wer die lebhaf-ten Flugspiele der Paare mit zum Teil atemberaubenden Sturzflügen aus großer Höhe und mit abrupten Wendungen einmal beobachten konnte, wird sie vielleicht nie mehr vergessen.

Diese akrobatischen Darbietungen sind ein weiteres von vielen Natur-schauspielen, die uns der Wald im Winter zu bieten hat. Nein, „leblos" ist dieser Lebensraum auch in den kalten Monaten nicht. Also Augen und Oh-ren auf – und hinaus in den Winterwald.

Die Knospen an Bäumen und Sträuchern, das Liebesbellen der Füchse, der zarte Gesang des Rotkehlchens, die Balzflüge von Ringeltaube, Kolk-rabe und Habicht – all das und vieles mehr ist Leben und, mehr noch, die Voraussetzung für neues Leben. All das kündet vom Wachsen und Werden im folgenden Frühling.

Mit 107 Illustrationen von Sandra Lefrançois

Umschlaggestaltung von Atelier Bea Klenk / Populärgrafik, Stuttgart, unter Verwendung einer Farbzeichnung von Sandra Lefrançois.
Das Bild zeigt einen Rotfuchs.

Unser gesamtes Programm finden Sie unter **kosmos.de**.
Über Neuigkeiten informieren Sie regelmäßig unsere Newsletter, einfach anmelden unter **kosmos.de/newsletter.**

Gedruckt auf chlorfrei gebleichtem Papier

© 2020, Franckh-Kosmos Verlags-GmbH & Co. KG, Stuttgart
Alle Rechte vorbehalten
ISBN 978-3-440-16869-1
Redaktion: Stefanie Tommes und Heiko Fischer
Gestaltung und Satz: TEXT & BILD Michael Grätzbach
Produktion: Markus Schärtlein
Druck und Bindung: Westermann Druck Zwickau GmbH,
Printed in Germany / Imprimé en Allemagne